8 Regras Simples
para Marcar um Encontro com
sua Filha Adolescente

W. Bruce Cameron

8 Regras Simples para Marcar um Encontro com sua Filha Adolescente

M. Books do Brasil Editora Ltda.

Av. Brigadeiro Faria Lima, 1993 - 5º andar - Cj. 51
01452-001 - São Paulo - SP Telefones: (11) 3168-8242/(11) 3168-9420
Fax: (11) 3079-3147 - e-mail: vendas.mbooks@terra.com.br

São Paulo – 2003

Dados de Catalogação na Publicação

W. Bruce Cameron
8 Regras Simples para Marcar um Encontro com sua Filha Adolescente
2003 – São Paulo – M.Books do Brasil Editora Ltda.
1. Parenting
ISBN: 85-89384-21-7

© 2001 by W. Bruce Cameron
© 2003 by M.Books do Brasil Ltda.
todos os direitos reservados
Original em inglês publicado por Workman Publishing Company, Inc.

EDITOR
Milton Mira de Assumpção Filho

Produção Editorial
Ana Bimontti

Tradução
Frank de Oliveira

Capa
Design ERJ Composição Editorial
Foto Gettyimages

Editoração e Fotolitos
ERJ Composição Editorial

2003
1ª edição
Proibida a reprodução total ou parcial.
Os infratores serão punidos na forma da lei.
Direitos exclusivos cedidos à
M.Books do Brasil Editora Ltda.

*Para minha esposa, Mary Ellen,
sem a qual eu não seria o pai de duas
filhas adolescentes.*

Sumário

Uma Dose Inflexível de Realidade 1
   No Momento em Que Você Descobrir Que Está Vivendo com
      uma Filha Adolescente, Será Tarde Demais. 2
   "É uma Menina!" 3
   Um Guia do Impossível para o Pai 6

O Abismo na Comunicação 10
   Um Guia para Conversar com Filhas Adolescentes nas Ocasiões
      em Que Isso É Simplesmente Inevitável 11
   Alguns Diálogos Assombradores com Minha Filha 15
   Ele Diz, Ela Diz... 18
   O Desafio à Autoridade – Um Reflexo Involuntário 19
   Conclusão 22

**A Relação (ou a Falta da) entre a Mesada e as
Tarefas de Casa** 22
   Elas Moram sem Pagar Aluguel, Pegam Seu Carro, Você
      Banca a Alimentação, Roupa e Gasolina — Então, Se
      Quiser Que Elas Dêem uma Força em Casa, É Justo
      Que Pague Por Isso, Certo? 24
   Uma Força de Trabalho Interna 26
   Um Plano em 10 Etapas para Fazer Suas Filhas
      Adolescentes Cumprirem as Tarefas 31
   Conclusão 34

O Telefone 35
   Mais Importante para uma Adolescente
      do Que o Oxigênio 36
   Uma Semana na Vida de um Telefone de uma
      Adolescente 38
   Por Que Escutar Atrás da Porta Não É uma Boa Idéia 39
   A Filha Adolescente como Secretária 41
   Uma Carta Amigável da Companhia Telefônica 42
   Não Há Remédio 44
   Conclusão 44

Observações de Campo 46
    Um Estudo Altamente Científico das Adolescentes em Seu Hábitat Natural: o Shopping 47
    Código de Conduta para Levar Sua Filha Adolescente ao Shopping 48
    Um Campo de Estudo das Adolescentes 50
    Conclusões da Pesquisa 58

Crime e Castigo 60
    Quando os Velhos Métodos de Disciplina Não Funcionam Mais, Você Deve Usar Novos Métodos, Que Também Não Vão Funcionar 61
    A Lista de Atividades Proibidas Segundo um Pai Razoável .. 62
    Uma Dose de Prevenção... 65
    O Julgamento de Minha Filha Mais Velha........................ 71
    Conclusão 77

Mudanças Físicas Não Autorizadas 79
    Em uma Certa Idade, uma Garota Adolescente Começa a Exibir Lembretes Perturbadores sobre por Que Somos Chamados de Mamíferos 80
    O Que Está Mudando 82
    Conclusão 91

Alimentando Sua Filha Adolescente 92
    O Jantar da Família – Só Porque Outras Pessoas Fazem Isso Não Significa Que Você Tem de Fazer 93
    Planejando o Menu da Semana 94
    O Jantar da Família 100
    O Regime da Adolescente – um Dia de Tormento para Toda a Família 103
    Conclusão 107

A Adolescente High-Tech 108
    Eu Vi o Futuro e Somente Nossas Filhas Entendem como Funciona 109
    "Todo Mundo Tem um Celular"..................................... 109
    "PC" Quer Dizer "Pai Confuso" 114
    E Agora o Fax 116

O Assistente Pessoal Digital 117
Conclusão 120

Roupas Proibidas para Adolescentes 122

Tecido, Tinta e Metal Transformam Sua Filha Adolescente
em um Anúncio para Atividades Não Autorizadas 123
Maquiagem: Quando Até o Pouco É Muito 124
Normas Muito Razoáveis de um Pai em Relação a Roupas
Proibidas 127
A Corrida Maluca para a Escola de Manhã 130
Conclusão 136

A Festa É Dela e Vou Chorar Se Eu Quiser 138

As Adolescentes Se Juntam com o
Claro Propósito de Violar os
Desejos de Seus Pais 139
Quando a Sua Filha Quer Dar uma Festa 139
O Baile do Colégio – uma História Verdadeira 140
Conclusão 147

Aprendendo a Dirigir 149

Um Capítulo para Quem Acha Que Você Perde Mais Sono
com um Bebê em Casa do Que com uma Adolescente Fora
com Seu Carro 150
Uma História Real sobre Risco Físico 151
Deixe com os Profissionais 156
O Interior de um Motor de Combustão 157
Conclusão 160

Há 8 Regras Simples para Marcar um Encontro
com Sua Filha Adolescente 162

Infelizmente, Ninguém Está
Prestando Atenção a Elas 163
As 8 Regras Simples para Marcar um Encontro com
Sua Filha 165
Pensamentos de um Pai Razoável sobre o Toque de
Recolher 167
A Formatura 170
Encontros de Grupo 174
Conclusão 175

O Primeiro Emprego **177**
    Um Fracasso no Programa de
        Assistência Social ao Trabalho 178
    A Preparação para a Entrevista de Emprego 179
    Filha no Trabalho 183
    Conclusão 188

O Namorado **189**
    Sem Consultar o Pai, um Garoto Ganha
        Acesso Especial à Filha Adolescente 190
    Não Procure Ajuda de Sua Esposa 190
    O Incidente do Beijo de Boa Noite 196
    Os Contraparentes Potenciais 198
    Discussões Verbais 201
    Conclusão 204

O Alto Custo da Educação Superior **205**
    O Pai É Convocado a Pagar Férias Caras
        de 4 Anos de Duração 206
    Duas Abordagens para Entrar na Faculdade 207
    Preparação para os SATs 210
    A Dissertação para Entrar na Faculdade – Tortura para
        Toda a Família 212
    Surfando Rumo à Formatura 213
    Parabéns! Que o Esgotamento
        do Dinheiro Comece! 215
    Ida para a Faculdade 218
    A Despedida 221

Uma Dose Inflexível de Realidade

No Momento em Que Você Descobrir Que Está Vivendo com uma Filha Adolescente, Será Tarde Demais

Não que isso faça alguma diferença agora, mas eu nunca tive a intenção de ser pai de duas filhas adolescentes. Suponho que, se tivessem me perguntado, eu teria optado por algo mais barato, como uma estrebaria de cavalos de corrida, ou algo mais fácil de criar, como tigres selvagens. Mas a pergunta que minha esposa me fez tinha uma linguagem tão inocente que eu simplesmente não considerei as ramificações. E mais, ela fez uma surpresa com um jantar à luz de velas, serviu-me vinho e estava vestindo algo insinuante – eu nem me lembro do que comemos aquele dia. (As mulheres, provavelmente, vão a uma escola especial para aprender táticas como essas.) Eu me lembro, *de fato,* do que ela disse:

– Você não acha que já é hora de pensarmos em começar uma família?

– Claro!, respondi com um entusiasmo apropriado tanto à situação como à maneira como ela estava vestida. Eu não via mal nenhum em *pensar* sobre começar qualquer coisa. Eu pensava em começar coisas o tempo todo. E a minha esposa sempre me encorajava nessa busca, me dando, toda semana, listas de projetos para pensar em começar. (Esse joguinho carinhoso – ela me dando uma lista e eu no sofá caindo no sono – é ainda uma das coisas de que ela mais gosta no nosso relacionamento.)

Assim, nós começamos o período em nosso casamento, que eu prefiro me lembrar carinhosamente como "o frenesi do acasalamento".

– Você pode deixar de cortar a grama nesta manhã? Acho que estou ovulando – dizia minha esposa.

– Está bem. Só desta vez – eu dizia com um suspiro.

É claro que a novidade acabou, e senti que tinha de me tornar um objeto sexual, com a função primária de fecundar. Eu vivia esperando o chamado de minha esposa, que exigia minha rendição total ao seu desejo de ter um filho. Ela não tinha escrúpulos para me interromper – e não importava o que eu estivesse fazendo – e me levar até a cama para uma outra tentativa.

Eu nunca fui tão feliz em toda a minha vida.

Quando olho para trás, acho que deveria ter pensado na possibilidade de que o que estávamos fazendo poderia, no final das contas, produzir uma filha adolescente. Em minha defesa, posso dizer que os homens que estão no meio do frenesi de acasalamento não têm neurônios extras para gastar pensando nessas coisas. Além disso, minha esposa, que já tinha sido uma filha adolescente e deveria saber melhor sobre o assunto – e eu vou sempre culpá-la por isso –, nunca, nem uma vez, levantou essa questão em nossas conversas. Quando ela comentava alguma coisa, era sobre essa *família* que estávamos pensando em começar. Ela jamais usou a palavra "bebê" na minha presença.

Durante o frenesi de acasalamento, minha esposa e eu compramos kits de testes de gravidez. Essas coisinhas fofas substituíram o velho método de marcar uma consulta no médico, fazer um exame de sangue, e então esperar para descobrir, por razões nunca completamente explicadas, que um dos coelhinhos de estimação do médico havia morrido. Os testes feitos em casa podiam interromper o frenesi de acasalamento por mais de duas semanas, o que me leva a concluir que eles *não* foram inventados por homens.

Quando um dos testes finalmente deu positivo, eu me esforcei para parecer que estava feliz de poder parar o acasalamento. (Meu argumento de que as atividades deveriam continuar por mais algum tempo para "assegurar a vitória total" foi completamente ignorado por minha esposa, provando que as mulheres de fato não entendem analogias esportivas.)

"É uma Menina!"

Eu fiquei emocionado no dia em que trouxemos nossa filhinha do hospital para casa e a colocamos no berço que eu tinha levado oito horas para montar. Era um móvel único e complicado, com laterais que desciam com o puxão de uma mola para liberar a trava. (Mais tarde, meu sogro veio e encaixou as laterais para que elas permanecessem unidas e deslizassem para cima e para baixo nos trilhos. Para manter a paz na família, não comentei quanto aquilo foi chato.)

Pouco depois da filha número um, tivemos a filha número dois, e, alguns anos mais tarde, um menino. O que a gente tinha na cabeça, pelo amor de Deus? Talvez nós simplesmente não fossemos capazes de acreditar que existisse algum processo suficientemente poderoso para transformar nossos bebês adoráveis em adolescentes. Mas, apesar de nossos maiores esforços, isso aconteceu.

Parece que minha filha mais velha sente que, por ter nascido primeiro ela precisa fazer tudo o que pode para manter sua liderança, mesmo que nenhum dos meus outros dois filhos tenha consciência de que existe uma competição. O adjetivo "competitiva" (ensinado à minha filha por uma professora do jardim de infância, que ficou espantada quando ela derrubou os trabalhos artísticos dos colegas do mural de notas da classe) parece de alguma forma inadequado para descrevê-la – provavelmente, "não fazer prisioneiros" chegue mais perto. Sua agenda é cheia de eventos atléticos e sociais, aos quais a família inteira deve comparecer. Do ponto de vista dela, eu sou o melhor quando carrego o equipamento de voleibol até o carro ou lhe dou dinheiro para ir jantar com a turma.

Ela acredita que a carteira de habilitação é a sua própria "proclamação de emancipação", que a libera de todos os deveres familiares. O quarto dela parece um documentário sobre os efeitos de uma ventania no quarto adolescente. Os pais de suas amigas têm muito mais sucesso que eu em extrair ganhos materiais do sistema de empresa livre, mas ela não quer que ninguém saiba disso. Então, disfarça meus recursos modestos atrás de uma campanha inteligentemente construída em torno de gastos em futilidades.

E, mesmo com sua eterna rebelião contra minhas regras razoáveis, ela me abraça espontaneamente quando eu menos espero, um simples gesto que, às vezes, me deixa sem palavras.

A minha filha do meio veio ao mundo, deu uma olhada em minha filha mais velha e decidiu que, não importa o que acontecesse, ela NÃO SERIA COMO A IRMÃ. Ela é muito mais mal-humorada, sempre tentando colocar aquela nuvenzinha negra acima da cabeça. Também vai bem na escola e joga vôlei – mas não gosta de falar disso. Se pudesse, faria suas refeições por um vão na porta do quarto e só iria interagir com os pais no Natal.

Ela me informou que está economizando para comprar uma motocicleta Harley-Davidson e uma jibóia. Ela nem sequer pisca quando me refiro ao grupo de amigos seus que não tomam banho. Na verdade, ela raramente registra que eu estou falando com ela.

Mas ela ainda é a filha que termina seus bilhetes para mim com um "Eu te amo, papai". Como este: "Querido papai, eu peguei o carro. Espero que você não esteja planejando sair hoje. Eu ligo em seis horas para ver se vai precisar dele. Eu te amo, papai. Tchau".

Os cínicos podem suspeitar que o comportamento inconsistente de minhas garotas é apenas parte de uma campanha demoníaca para me manter desequilibrado e vulnerável, mas eu não acho isso. Ao mesmo tempo em que eu me debato com elas, elas também estão se debatendo consigo mesmas, tentando descobrir o que vão ser quando crescer. Que bobinhas – por que elas simplesmente não me perguntam?

O meu mais novo é um garoto completamente desinteressado, que ainda não mostrou nenhum sinal dos sintomas pré-adolescentes. Ele olha para as irmãs como um tipo de experimento científico que não deu certo, e não vê qualquer finalidade prática nelas. Seu relacionamento com elas está mais para apático do que para hostil, pois, digamos, elas são garotas.

Minha esposa e eu sempre conversamos sobre como era maravilhoso quando nossos filhos eram bebês, apesar de ela sempre fazer cara feia quando eu pergunto sobre o que fizemos de errado para eles crescerem. As coisas estavam indo tão bem naquela época! (Eu corajosamente assumo muita culpa e aponto que eu não sou perfeito e que sou casado com uma mulher que comete erros. Ela encontra pouco consolo nas minhas magnânimas concessões, apenas perguntando se eu me lembro de quando nossos filhos "eram bebês tão fofos".)

Sim, eu me lembro, mas não vejo que importância tem. Os bebês estão para os adolescentes como um filhote está para um lobisomem. Os bebês te amam, se agarram a você e querem ficar com você. Os adolescentes querem que você os deixe no cinema com a cara virada ou usando um saco de papel na cabeça, para que os amigos pensem que eles vieram de alguma nave da *Enterprise* e não são, de jeito algum, produto de atividade familiar. Os bebês são caracterizados pelo que eles não podem fazer: não podem andar, falar, sair da sala quando você quer explicar por que a vida era muito mais dura quando *você* estava crescendo. Já os adolescentes são caracterizados pelo que eles *não farão:* não vão limpar o quarto, não vão sair do telefone, não vão ouvir quando você quer explicar por que a vida era muito mais dura quando *você* estava crescendo.

– Como você sobrevive com duas filhas adolescentes? – me perguntaram uma vez.

– Eu estou sobrevivendo? – respondi, surpreso.

Um Guia do Impossível para o Pai

Estudos mostram que a população mundial de adolescentes está crescendo, e eu estou convencido de que cada uma delas vem para a minha casa depois da escola para comer a minha comida. (Minha esposa ignora minhas instruções e, de fato, gasta dinheiro tentando satisfazer o apetite dessas adolescentes, o que é um pouco como tentar esquentar um dia de inverno aumentando o aquecedor e abrindo as janelas.)

De qualquer forma, o mundo está positivamente se enchendo de adolescentes, e, enquanto as pessoas continuarem a "pensar" em começar uma família, a tendência vai perdurar. Isso não é culpa minha. Eu estou decidido a aceitar a culpa apenas por aquelas a que a minha esposa deu origem. Mas, se na verdade estou sobrevivendo a essa experiência, talvez eu possa compartilhar com você um pouco do conhecimento que obtive tão dolorosamente depois de mais de meia década de lágrimas, hormônios e fraturas do estresse. Se você teve um bebê ou está engajado no acasalamento, vou dizer-lhe o que deve esperar. Se já se passaram uma dúzia de aniversários desde que você trouxe para casa aquele pacotinho adorável de uma bebezinha, eu me disponho a explicar as táticas e habilidades de que precisará para sobreviver aos próximos oito anos com um mínimo de traumas.

Ver uma filha tornar-se adolescente é quase como ser um passageiro de um avião que, de uma hora para outra, tem de assumir o comando no lugar do piloto ferido e pousar a aeronave. E, nessa situação, todos os passageiros estão batendo na porta da cabine e gritando: "Eu odeio você! Eu odeio você!".

Com um livro como este – "um manual do proprietário", se assim quiser chamá-lo –, você pode aprender o suficiente para chegar até o aeroporto em segurança. Caso contrário, também pode voltar e terminar de assistir ao filme com os outros.

A Formação da Tempestade

Em primeiro lugar, vamos fazer um diagnóstico da situação. Só porque você está com a pressão tão alta, e jura que até as outras pessoas podem ouvi-la, não significa que esteja sofrendo por causa de uma adolescente – sua filha pode ser uma pré-adolescente, que é como sentir os estragos de um tornado antes de um furacão. Aqui está uma lista que todos podem usar para confirmar seus piores medos.

Sinais de Alerta de Que Você Pode Estar Vivendo com uma Adolescente

- Seu telefone está sempre ocupado, então, tenta a segunda linha e está sempre ocupado.
- O tanque de gasolina do carro está sempre vazio e seu cesto de roupa suja, sempre cheio.
- Embora, até agora, você tenha estado a favor deles, de repente, o aparecimento dos sutiãs parece realmente uma má idéia.
- Você percebe que a última vez que não teve de pagar uma taxa de atraso na videolocadora foi há mais de um ano.
- O seguro do seu carro, de uma hora para outra, passou a custar mais do que o próprio carro.

Se você está experimentando um desses sinais de alerta, *não entre em pânico*. Siga as sugestões que estão neste livro e permaneça concentrado em seu objetivo, que é colocar as adolescentes para fora de casa antes que acasalem e todo o ciclo recomece. (Alguns sociólogos criticam a perda da "casa de gerações," onde avós, pais e filhos vivem juntos debaixo do mesmo teto. Eu nunca vi um absurdo desses em toda a minha vida.)

Lembre-se: *você pode superar isso*. Seus pais conseguiram, e é por isso que eles dão risada quando você liga para contar como é impossível viver com filhas adolescentes. (E, se enquanto eles estão rindo de suas despesas, ainda dizem que o comportamento de sua filha é "como *o seu* quando tinha a mesma idade", desligue imediatamente. Isso não é apenas completamente ridículo, mas será tudo o que você vai ouvir durante a próxima década, se você permitir que seus pais expressem essa tese, pois eles se tornarão obcecados com a idéia.

Eu Preciso de Você, Me Deixe em Paz

Quando as crianças são pequenas, os pais olham para si mesmos como absorvedores gigantes de choques, que estão lá para proteger a família contra os buracos e solavancos da estrada da vida. Mas, gradualmente, o papel dos pais evolui. Você começa a se ver mais como um técnico, acompanhando seus filhos nos treinos práticos para que eles estejam preparados quando tiverem que sair e enfrentar o verdadeiro jogo. A vida é um esporte de contato, os pais vão argumentar, então, algumas contusões não fatais, ao longo da jornada, poderão enrijecer o corpo e endurecer a alma. Se uma filha não consegue poupar dinheiro suficiente para comprar o vestido da festa do encontro de ex-alunos, por que ela não deixa de comprar o vestido para a festa do encontro de ex-alunos? (É claro que ninguém mais na família concorda com isso.)

Há algumas exceções a essa filosofia "agora é hora de vivenciar as armadilhas da vida": algumas calamidades, como garotos adolescentes, ainda são vistos como muito perigosas para suas filhas, mesmo nas situações mais controladas. E os garotos são o tipo de experiência que suas filhas mais vão querer, empurrando a relação pai–filha para uma série de batalhas, que podem ser resumidas assim – com o pai dizendo:

– *Eu não posso tirar você de cada situação desastrosa em que se meter. Você precisa fazer as coisas sozinha, exceto aquelas que eu não quero que você faça.*

Do outro lado do campo de batalha, sua filha está dizendo:

– Eu não preciso dos seus conselhos. Não quero suas regras. Sou uma adulta. Sou completamente independente. Preciso de dinheiro para o almoço.

E Agora?

Ter uma filha adolescente coloca você no que é, em geral, chamado de uma "situação de aposta". Você tem que desarmar o adversário e ainda carregar a bola sozinho. Não vai ser fácil – na verdade, eu tenho quase certeza de que é impossível. Mas ninguém mais vai fazê-lo: esse trabalho é seu. Você é o pai.

O Abismo na Comunicação

Um Guia para Conversar com Filhas Adolescentes nas Ocasiões em Que Isso É Simplesmente Inevitável

Quando uma nação entra em guerra contra outra, ela é cortês o suficiente para mandar notícias sem ambigüidade. Por exemplo, depois de Pearl Harbor, eu não acho que o presidente e seus conselheiros se reuniram e se perguntaram: "Que diabos vocês supõem que eles quiseram dizer com *aquilo?*". Mas, quando uma filha decide se tornar uma adolescente, ela o faz em uma conspiração muito secreta, escolhendo deliberadamente não lhe avisar que decidiu passar por cima da família e trilhar seu próprio caminho.

Os primeiros sinais da adolescência não são físicos, são mentais: *você* começa a enlouquecer. Sua filha não vai aparecer, em uma manhã, usando uma camiseta com a frase: AGORA ME COMPORTO IRRACIONALMENTE. TENHA UM BOM DIA.

Em vez disso, ela desce para o café da manhã e diz:

– Você tem alguma *idéia* de como me deixa doente descer as escadas e vê-lo comendo ovos toda manhã?

Os pais devem ser perdoados se tentarem descobrir o que isso significa. É o ato de descer as escadas que causa esse ataque agudo de doença? É o simples fato de que é você que está sentado ali? É o ato de comer ou, talvez, o ato de comer os ovos? Ou é apenas porque ocorre todas as manhãs?

– Esquece! – responde a filha, querendo dizer sim, sim, sim e sim. Você foi informado, sutil como uma intimação: ela está se tornando uma adolescente.

Durante os anos da adolescência, o cérebro de uma filha passa por mudanças que, em grande parte, são completamente inaceitáveis para um pai. Aparentemente, há uma espécie de glândula que começa a jogar poluição hormonal na corrente sangüínea da filha quando ela completa uns 12 anos. E, porque a ciência médica ainda não foi capaz de localizar e eliminar essa glândula, eu nunca vou entender. Assim, estimulado por esses hormônios ou germes, ou o que quer que sejam, o cérebro de uma adolescente fêmea convoca uma reunião dos sentidos para dar-lhes as instruções para as novas operações.

Cérebro de adolescente fêmea: Está bem, Sentidos, sosseguem e escutem. Quero fazer algumas mudanças drásticas na maneira como as coisas acontecem por aqui. Visão?

Visão: Sim, senhor?

Cérebro de adolescente fêmea: Eu quero que você se concentre em duas coisas: o seu grupinho de amigas e o Brad Pitt. Sabe aquele cara que costumava se debruçar sobre o berço e fazer aqueles barulhos de beijo nauseantes em cima da gente quando éramos muito pequenas para mandá-lo embora?

Visão: O pai?

Cérebro de adolescente fêmea: Esse mesmo. Esforce-se ao máximo para nunca mais olhar diretamente nos olhos dele. E avise a gente quando ele estiver chegando por que... Audição, está escutando?

Audição: O que mais eu poderia estar fazendo?

Cérebro de adolescente fêmea: Eu gosto dessa atitude irritante, Audição. Você ainda vai longe nesta organização!

Audição: Obrigada, Senhor.

Cérebro de adolescente fêmea: Quando a Visão tiver esse tal pai nos nossos campos, eu quero que você se feche completamente.

Audição: Mas ele tem coisas tão sábias para dizer!

Cérebro de adolescente fêmea: Isso é o que a gente pensava, mas não é mais. Fala, essas mudanças vão realmente afetar você. Está pronta?

Fala: Sim, Senhor!

Cérebro de adolescente fêmea: Esse é o espírito da coisa. Quero que você aumente em dez vezes a produção de palavras que saem de você, imediatamente.

Fala: Mas... o que vou dizer?

Cérebro de adolescente fêmea: Não importa, apenas mantenha as palavras saindo. Recentemente, chegamos a alguns milhões de cópias da expressão "tipo assim" e ainda um carregamento de "aimeudeus". Se você não conseguir pensar em mais nada, use essas.

Fala: Tipo, aimeudeus, você diz, eu devo ser tipo... tipo assim?
Cérebro de adolescente fêmea: Perfeito.

A maior parte da produção verbal de uma adolescente é descarregada no telefone, apesar de as companhias de informática recentemente terem colocado a tecnologia "bate-papo" nos lares americanos para ajudar a suportar uma parte da carga. Isso torna as companhias de telefonia felizes porque, agora, todos nós devemos pagar por duas linhas nas nossas casas, para que as nossas filhas possam conversar pelo computador enquanto falam simultaneamente ao telefone.

– Aimeudeus, Amanda, o que você acabou de escrever é, tipo, muito hilário – minha filha mais velha diria ao telefone ao mesmo tempo em que digita: *AMANDA, ISSO É HILÁRIO*. Eu espio o monitor por cima de seu ombro. Ela digita *LOL. ROFL*.[1], que é um código para "Vamos deixar meu pai louco com essa tecnologia de bate-papo".

– Eu preciso usar o telefone – digo a ela.

– Mas, pai, estou fazendo minha lição de casa – ela protesta.

Essa é a carta trunfo dela: se você não a deixar fazer a lição de casa, ela não vai se formar no colegial. E, se não se formar, não vai sair de casa, e você não vai mais poder usar seu telefone para o resto da vida.[2]

Com todas essas palavras de sua filha, jorrando em uma inundação sem fim, alguém poderia pensar que os anos de adolescência são uma época para uma comunicação muito íntima com ela, um tempo em que pais e filhas sentam-se juntos e refletem amorosamente sobre o grande trabalho que ele fez ao criar seus filhos. Bom, esse alguém estaria errado.

---

1 N.T.: LOL, do inglês *Laughing Out Loud* ("dando risada"); ROFL, *Rolling On the Floor Laughing* ("rolando no chão de tanto rir"),.

2 N.A.: O telefone é uma questão tão inconveniente na vida de um pai de uma adolescente que eu escrevi um capítulo especial sobre isso.

Quando uma garota completa 13 anos, basicamente olha para seu pai como uma espécie de híbrido, um caixa eletrônico sem limite que não apenas libera dinheiro, mas deve levá-la ao shopping para que possa gastá-lo. A conversa não é necessária, e, quando o pai tenta, a filha pode imediatamente esmagá-la ligando o rádio. As filhas também usam fones de ouvido, o que lhes permite ligar o rádio mesmo em lugares onde não deveria haver um rádio!

Isso é muito difícil para o pai, que, às vezes, precisa extrair informações de sua filha.

– Você deletou meus arquivos do computador? – o pai pergunta.

Ela vai se virar para você com um olhar inexpressivo, como se esperasse uma tradução de um intérprete que fala em seus fones de ouvido.

– Você está me ouvindo? – ele grita.

Ela tira um dos fones do ouvido, e aí você escuta as notas irritantes da música, *Nunca Mais Escute Seu Pai,* saindo daquele pequeno fone.

– Eu não sou surda – ela reclama.

Essa é uma boa oportunidade para se lembrar de que não, ela não é surda, mas, se continuar a ouvir a música naquele volume, ficará. As filhas realmente adoram ouvir coisas como essas de seus pais.

– Você deletou os meus arquivos do computador?

– Pai, eu não posso resolver todos os seus problemas com o computador – ela torce o nariz. Ela volta aos fones de ouvido, e você, paralisado, se pergunta o que aconteceria se os plugasse na tomada da parede.

É assim que as conversas com sua filha *deveriam* ser:

– Você deletou os meus arquivos do computador?

– Não, senhor. Eu apenas os salvei em disquetes. Aqui estão.

– Obrigado.

– Pai, será que eu poderia comprar...

– Não.

– Tudo bem, obrigada! Ah! Eu queria saber se posso sair com um garoto que conheci...

– Não.

– Você não precisa me falar duas vezes! Posso lavar o seu carro e talvez encher o tanque com o meu dinheiro. Ou tem alguma tarefa que o senhor quer que eu faça?

Apesar desse diálogo parecer perfeitamente realista para um pai, ele só vai existir se sua filha estiver hipnotizada.

Alguns Diálogos Assombradores com Minha Filha

Aqui está uma conversa da vida real entre minha filha mais velha e eu.

Filha: Oi, pai? Eu preciso que você venha onde a Carol e eu estamos.

Pai: (*Calmamente*) *O quê*? Onde diabos vocês estão? Já deveriam estar em casa há quatro horas.

Filha: A mamãe está aí?

Pai: Não, ela não está. Onde vocês estão?

Filha: Eu estou no cinema com a Carol.

Pai: Quem disse que vocês podiam ir ao cinema?

Filha: Bem, não dava para eu deixar de ir.

Pai: Você não podia *deixar* de ir no cinema? Espere um minuto... por que tenho que eu pegar você aí... se está de carro?

Filha: É por isso que eu estou tentando dizer que não é culpa minha.

Pai: *O que* não é culpa sua?

Filha: Que eu tive de ir ao cinema! Você nunca me escuta!

(Claro que a acusação é absurda. Eu estou escutando-a tão atentamente que até corro o risco de ter uma hérnia no tímpano. Minha pressão sangüínea subiu e mandou sangue extra ao meu cérebro para que eu possa processar o que ela está dizendo. Na verdade, eu posso *sentir* a pressão batendo nas paredes da minha cabeça. Essa não é uma sensação nova.)

Pai: Você disse que *tinha* de ir à biblioteca.

Filha: Bem, certo, mas isso foi antes de o carro morrer.

Pai: Ele morreu.

Filha: E eu estava a uns dois quarteirões do cinema.

Pai: Então, você levou todo esse tempo para andar até o cinema?

Filha: Não... nós vimos um filme... dããã!

Pai: Você pode, por favor, me contar o que aconteceu, e organizar os acontecimentos de uma forma coerente?

Filha: (*suspiro profundo*) Tudo bem. Eu vou falar *de novo*. Eu estava indo para a biblioteca e o carro morreu. Então, eu vim para o cinema e liguei para a Carol. Bom, como você quer que eu seja *coerente*... chamei a Amanda, mas ela e o Rafael estavam indo tirar a foto para o aniversário dele no shopping, que eu realmente, realmente também quero para o meu aniversário. Eles fazem a gente parecer outra pessoa. A Vanessa tirou uma com um chapéu de caubói, e ficou tão fofa que você não acreditaria.

Pai: Obviamente, nós temos definições diferentes da palavra "coerente".

Filha: Ahn?

Pai: Tipo, deixa pra lá. Então você, tipo, ligou para a Carol.

Filha: Por que está falando assim, pai?

Pai: Por favor, continue com a história de como você foi forçada a ir ao cinema. Estou fascinado por essa parte.

Filha: Certo. A Carol disse que viria, só que não podia dirigir. Mas a mãe dela a deixaria aqui. Eu disse que tudo bem, já que meu pai teria de vir me buscar de qualquer maneira. Eu disse que ela podia dormir em casa... tudo bem?

Pai: Espere um minuto. Eu *estou* indo buscá-la?

Filha: Eu e a Carol.

Pai: Quero dizer, *por que* eu tenho que ir buscar você? O que tem de errado com o seu carro?

Filha: Eu já *disse*.

Pai: Não. Você disse que ele tinha morrido. Isso é insignificante. O que exatamente tem de errado com o seu carro?

Filha: Olha, sinto muito que me considere tão insignificante, mas tive de andar um monte até o cinema. Você não acha que deveria lamentar isso?

Pai: Você poderia por favor *me responder?*

Filha: Pai, tem certeza de que a mamãe não está aí?

Pai: Querida, em alguns segundos, vou puxar este telefone da parede e jogá-lo na rua. Apenas defina para mim, usando a palavra "tipo" quantas vezes achar necessário, o que você quer dizer quando diz que o carro está morto agora.

Filha: Bem, é como se ele estivesse sem gasolina.

Pai: Há? Pensei que eu tinha lhe dado dinheiro para a gasolina.

Filha: Você deu, mas eu gastei no cinema. A Carol estava dura.

Pai: *O quê?*

Filha: Bem, o que eu deveria fazer... deixar a Carol esperando lá fora? Ela é, tipo, minha melhor amiga no mundo inteiro.

Pai: Por que você acha que o carro está sem gasolina?

Filha: Olha, acendeu uma luzinha que dizia... "Checar os medidores".

Pai: Sim?

Filha: Então, entendi que tinha algo de errado com o medidor de gasolina, porque ele já estava bem vazio, e eu sabia que não podia estar certo porque eu tinha de ir à biblioteca.

Pai: A luz de "Checar os medidores" aparece para alertar que algum medidor está com problema. Como, por exemplo, falta de combustível no tanque.

Filha: Bem, como eu ia saber? Isso é realmente ridículo.

Pai: "Como eu ia saber?" O que você quer dizer com isso? Nunca ouviu falar do "manual do proprietário"?

Filha: Ah, pai! Ninguém lê o "manual do proprietário" de um *carro.* Skittles.

Pai: Eu... o quê?

Filha: A Carol está comprando balas e me perguntou qual eu queria – falei Skittles. Eu não estava falando com *você*.

Pai: Eu pensei que tinha dito que a Carol estava sem dinheiro.

Filha: Certo... para o *filme*.

Pai: Está bem, está bem. Você ainda tem algum dinheiro?

Filha: Um pouco.

Pai: O suficiente para pôr um pouco de gasolina no carro?

Filha: Acho que sim. Se você me reembolsar depois.

A conversa para explicar à minha filha que ela e a Carol teriam de caminhar até o posto, comprar um galão com gasolina e colocar combustível suficiente no pobre do automóvel, para que ele voltasse a funcionar levou mais tempo do que tenho para relatar – principalmente, quando cada frase dela tinha a expressão "não é justo". ("Não era justo" que *ela* tivesse de pagar pela gasolina porque o carro não era dela. "Não era justo" que a Carol não pudesse dormir em casa, e era "totalmente injusto" que ela realmente tivesse de *andar*.)

– O seguro não resolve esses casos? – ela perguntou, indignada.

Ele Diz, Ela Diz...

Apesar de pais e filhas falarem a mesma língua, eles não falam a mesma língua. As palavras e frases que vou relatar indicam o abismo entre os dois – e talvez possam ser úteis caso você ache necessário tentar se comunicar com uma adolescente.

O pai diz: "Você não vai a lugar algum enquanto não arrumar seu quarto!" E a filha entende: "Feche a porta do seu quarto para que eu não o veja, e então vá ao shopping!"

O pai diz: "Preciso usar o telefone". A filha entende que deve ser um bate-papo sem importância, pois, afinal, com quem o pai iria conversar?

O pai diz: "Você pode sair com a minivan hoje à noite", a filha entende: "Você não vai fazer nada com seus amigos esta noite. Porque se fizer, vai ter de ser vista dirigindo a minivan, e então será excomungada de qualquer grupo social na escola, com exceção dos "Palermas sobre Rodas".

O pai diz: "Desligue a TV". A filha entende *nada.*

O pai diz: "Seu quarto é uma área de desastres!". A filha entende: "Eu andei bisbilhotando o seu quarto".

O pai diz: "Não, você não vai à festa porque você está de castigo". A filha entende: "Pergunte para sua mãe".

O pai escuta: "Já terminei minha lição de casa!". Na verdade, a filha está dizendo: "Bom, exceto a de matemática. E a de história. E também a de Biologia. Então, amanhã, antes de ir para a aula, vou correr pela casa gritando e batendo as coisas e lhe pedindo para *por favor* redigitar meu relatório, que é para hoje e preciso fazer a tarefa de matemática!"

A filha diz: "Todas as outras vão!". O que ela quer dizer é: "Todas as outras filhas adolescentes estão dizendo a seus pais que todas as outras vão".

O Desafio à Autoridade – Um Reflexo Involuntário

Como todo bom pai sabe, as famílias se organizam melhor em patriarcados. É como um rebanho de cervos pastando calmamente sob o olhar atento do glorioso líder, que guia com sua sabedoria majestosa, à qual os outros veados obedecem de maneira abnegada e com muita dedicação.[3]

Infelizmente, as filhas adolescentes, em geral, têm problemas para compreender esse arranjo elegante e ecológico. Elas querem até *discutir*, o que no mundo real poderia levá-las a ser banidas do rebanho e mandadas para viver com bodes ou coisa parecida.

---

3 N.A.: *Bambi,* Walt Disney Co., agosto de 1942.

Quando tentam desafiar a autoridade de seus pais, as filhas adolescentes sempre usam a mesma lógica – ou seja, nenhuma. (No cérebro adolescente, as áreas dedicadas à "lógica" e à "obediência ao pai" ficam desconectadas, e toda a corrente elétrica passa apenas pelos circuitos do "Eu já sei tudo, então, não tente me falar nada".)

Aqui estão alguns dos sinais mais comuns de que sua filha está tentando se comunicar com você.

■ *Bater o pé.* Ela levanta o pé direito e o joga com toda a força contra o chão, como um cavalo tentando resolver um problema de matemática difícil. Esse gesto é usado para mostrar ao pai que qualquer coisa que esteja sendo revelada não tem valor algum. Por isso ela precisa dessa oposição extra para *parecer* que um ponto válido está sendo levantado. A melhor resposta para esse ato é mudar de assunto imediatamente – da fala dela "Eu *tenho* de ir. Todos vão estar lá" para "O que você está tentando fazer, quebrar o teto do porão? Você sabe quanto custa consertar o teto?" (Esse tipo de argumento deixa as adolescentes loucas.)

■ *"Por que não?"* Algumas adolescentes, especialmente talentosas, soltam esse grito com uma mistura tão potente de indignação e dúvida que o pai pode se questionar, por um momento, sobre sua própria sanidade mental.

Adolescente: Posso pegar o carro e passar o fim de semana em Las Vegas com a Carol e dois garotos que nós conhecemos numa festa?

Pai: O quê? Não!

Adolescente: Por que *não*?

Pai: (*impressionado*) Eu... não sei, eu apenas... err...

Não deixe que isso lhe aconteça! Lembre-se: como pai, você tem o direito de tomar decisões autoritárias, que não seguem regras. Na verdade, apenas para mostrar a ela quem é que manda. Você pode, de vez em quando, exagerar um pouco nas ordens, para que *ela* se questione sobre a *própria* sanidade mental.

Adolescente: Posso pegar o carro e passar o fim de semana em Las Vegas com a Carol?

Pai: Não! Você precisa aparar as unhas do pé do cachorro e consertar o teto do porão!

Adolescente: Eu... eu apenas... err...

- *"Todo mundo está fazendo isso!"* As adolescentes são como salmão – quando alguém do grupo acha que é uma boa idéia nadar contra a corrente, logo você fica sabendo que todas estão agindo do mesmo jeito. Ou pior, quando elas chegam no topo da corrente... bem, você não quer nem saber em que tipo de atividade elas estão se metendo lá em cima. Apenas se lembre: a única razão de termos salmões bebês é que o salmão adolescente deixa a segurança da casa dos pais no oceano e começa a morar nos rios.

Para o pensamento adolescente, essa mentalidade salmão não é somente justificada, ela representa o *ideal* de comportamento. A resposta adequada para essa tática é: "Se todo mundo pulasse de um penhasco, eu acho que você também iria, não é?" (Eu não tenho muita certeza *do motivo* dessa resposta ser adequada. Ela apenas surge com o fato de ser pai, saindo espontaneamente dos lábios. A resposta pode estar embutida nos seus genes. Mas tome cuidado para não usar esse poderoso macete com sua filha na frente de *seus* pais, que possuem um macete de comunicação próprio deles: *o sorriso irônico*.)

- *"Você é o cara mais malvado que existe no mundo."* Essa é uma grande honra dada ao pai pela filha adolescente, pelo menos uma vez por semana. Infelizmente, não há troféus, e é improvável que sua filha fique por perto enquanto você faz o discurso de agradecimento. No entanto, fique tranqüilo, sabendo que, quando você ouvir essa frase, foi por ter feito a coisa certa, meu amigo.

- *"Um minuto depois que eu fizer 18 anos, vou mudar daqui."* Ai de mim! Embora você possa digitar essa declaração, reconhecer a firma, abençoá-la na igreja e registrá-la como patente, quando esse dia chega, elas não vão embora.

Conclusão

Evidentemente, conversar com uma adolescente pode ser uma das experiências mais sem valor que terá como um pai. Mesmo assim, vai reagir a essa falta de retorno de seus investimentos, sempre colocando mais esforços nesse processo – eu não posso explicar o porquê disso. Mas me questiono: Por que você fala com elas? Não deveria apenas escrever o que quer que elas façam, ou talvez enviar um e-mail ou coisa assim, e deixar que isso finalize a história? Por que perguntar à sua filha adolescente, "Aonde pensa que vai com as chaves do meu carro?", se você já *sabe* que não vai gostar da resposta?

Lembre-se, você não criou essa falha de comunicação. Houve um tempo em que elas ouviam a sua voz, prestando muita atenção em cada palavra. Sejamos francos, elas tinham apenas 8 meses e nenhuma pediu permissão para mudar, pediu? Não existem mais aqueles países distantes, tipo, talvez Nebraska, onde as famílias se reúnem toda noite para escutar, de maneira respeitosa e com admiração, o que o pai tem a dizer? Se não existem, deveriam existir. Você tem um monte de coisas importantes para falar: você é o pai.

A Relação (ou a Falta da) entre a Mesada e as Tarefas de Casa

Elas Moram sem Pagar Aluguel, Pegam Seu Carro, Você Banca a Alimentação, Roupa e Gasolina — Então, Se Quiser Que Elas Dêem uma Força em Casa, É Justo Que Pague por Isso, Certo?

O dinheiro para garotas adolescentes é o mesmo que o oxigênio para um incêndio em uma casa. Mas no incêndio de uma residência ninguém espera que o dono da casa use mais tanques de oxigênio toda vez que as chamas estiverem perdendo alguma força. No entanto, todos esperam que o dono da casa resolva os problemas de falta de dinheiro das filhas. O chefe da casa deve gerar o dinheiro e depois deixá-lo voar livremente para as mãos delas.

O principal canal para esse fluxo é a mesada. A mesada é um produto incendiário. Ao dar dinheiro para as filhas, o pai está "permitindo" que elas façam coisas – como "queimar" dinheiro. E os pais não gostam da palavra "permitir" quando o assunto envolve filhas adolescentes – isso vai contra todos os seus impulsos.

As adolescentes também não entendem o que é mesada, geralmente porque ela não é suficiente nem em quantidade nem em freqüência para que possam viver como popstars. Esse detalhe normalmente gera uma situação bizarra: a filha adolescente sempre acaba pedindo "um adiantamento" de uma mesada futura, o que, na prática, significa que o pai fica devendo dinheiro para si mesmo.

Na minha casa, obter um adiantamento exige a leitura de uma série de palestras sobre "Como gerenciar seu dinheiro" e redigir uma petição que explique que o adiantamento é necessário para satisfazer uma emergência de vida ou morte. O processo completo é mais difícil do que ser aceito em uma faculdade, mas minha filha mais velha, que acredita com firmeza que é responsabilidade dela garantir a sobrevivência das indústrias de roupas americanas, acha que é um esforço válido.

Filha: Eu preciso de um adiantamento da minha mesada.

Pai razoável: O quê? Eu paguei sua mesada ontem.

Filha: Certo, mas eu paguei o dinheiro que a mãe me emprestou para que eu pudesse pagá-lo e para que você pudesse pagar minha mesada!

Pai razoável: *(Depois de um minuto) Hein?*

Filha: Eu posso, por favor, pegar um adiantamento... um empréstimo?

Pai razoável: Para pagar em que ano? Você já me deve até o início de 2013.

Filha: Bem, se você me desse um aumento, talvez eu pudesse te pagar mais rápido!

Pai razoável: Por que você quer outro adiantamento? E, por favor, não me diga que é para comprar mais roupas.

Filha: Mas, pai, é uma *venda anual*. Isso significa que acontece, tipo, uma vez por ano!

Pai razoável: Eu sei o que "anual" significa. Por que quer ir fazer compras? Você encontrou uma área no seu quarto que não está completamente enterrada em roupas sujas?

Filha: *(Longo suspiro)*

Pai razoável: Como é que a sua irmã nunca me pede dinheiro? Pode ser que ela esteja demonstrando ter responsabilidade fiscal?

Filha: Tipo, como se eu fosse alguma vez me vestir como ela. Todas as roupas delas são usadas.

Pai razoável: Por você! São roupas que *você* usava!

Filha: Exatamente.

Pai razoável: Então, não. A resposta é não.

Filha: Certo. Eu vou pedir para a mamãe.

Não que "responsabilidade fiscal" descreva os gastos da minha filha mais nova. O quarto dela está enfeitado com velas aromatizadas, litografias, animais de vidro colorido e outros objetos típicos de adolescente que representam um completo desperdício de dinheiro. Os mensageiros do vento ficam pendurados como estalactites, batendo alegremente na minha testa toda vez que entro em seu quarto para interromper o que parece ser uma sessão de alguma prática esotérica.

Pai razoável: Por que precisa de todas essas coisas, filha? Você está fazendo um estoque para seu bazar de garagem?

Filha mais nova: *(Olha para outra direção)*

Pai razoável: Bem, o dinheiro é seu. [O que não é exatamente verdade. É *meu* dinheiro, que minha esposa e eu trabalhamos para ganhar, apenas para que nossa filha mais nova possa transformar seu quarto em um cenário de canal de compras da tevê.] Eu apenas queria que você entendesse que o valor do dinheiro não é o que se pode comprar com ele, mas o que se tem que fazer para *ganhá-lo*.

Filha mais nova: *(Um gemido tão exagerado que, com certeza, é falso)*

Pai razoável: É por isso que não faz sentido pagar uma mesada, a não ser que se esteja trabalhando para ganhá-la!

Uma Força de Trabalho Interna

Como a maioria dos pais, apóio a idéia de que os filhos devem ganhar suas mesadas fazendo trabalhos em casa. "Por que nós os tivemos, a não ser como uma fonte de trabalho barato?", – lamento para minha esposa. Essa é uma má escolha de argumento, já que ela me lembra, imediatamente, que apenas um de nós teve algum "trabalho" para tê-los. Não sei por que ela está sempre se lembrando disso.

De qualquer forma, na minha opinião, trabalho barato é semelhante a jóias baratas, tanto na qualidade quanto na aparência, pois, na hora de fazer suas tarefas, minhas filhas parecem acreditar que faz mais sentido o esforço em *parecer* que trabalham do que realmente cumprir as tarefas. Fui enganado, mais de uma vez, pelo som de um aspirador de pó. Eu acreditava que as minhas filhas estavam me ajudando nas tarefas domésticas, mas, quando parei para dar uma palavra de incentivo a elas, encontrei o aspirador ligado sem ninguém – uma das meninas falava ao telefone em outra parte da casa. Se eu mando alguém limpar o banheiro, o satisfatório barulho de água escorrendo soa de maneira suspeita, como o início de um banho de quatro horas.

É provável que a raiz do problema esteja na ridícula crença adolescente de que elas são, de alguma forma, independentes de seus pais. Não sei de onde tiram essa idéia, mas elas parecem achar que são capazes de escolher suas próprias tarefas domésticas e que seu pai não precisa fazer isso. Eu sei, é para rir, mas acho que é realmente como essas meninas vêem o mundo. Imagine o que iriam aprontar se você permitisse que esse sistema fosse colocado em prática!

Tarefas Legítimas de Acordo com Garotas Adolescentes

TAREFA	EXPLICAÇÃO
Checar a televisão em busca de reprises de programas de TV favoritos.	Bem, antes de começar a trabalhar, você precisa ter a televisão em um canal bom, senão vai se distrair com o quê?
Ligar o rádio.	Essa é minha música favorita! E não, não me incomoda o fato de a televisão também estar ligada. Se incomoda *você*, por que não sai?
Telefonar para uma amiga.	Bem, a minha vida não pára só porque estou fazendo tarefas domésticas. E não é minha culpa se o fio não vai muito longe. Por que você não compra um telefone sem fio?
Sair para comprar sorvete.	Todas essas tarefas estão me deixando com fome! E não, eu não vou guardar tudo quando terminar. Isso não é tarefa minha.

Dividindo as Tarefas

Por alguma razão, as adolescentes tratam qualquer tarefa dada a elas como uma espécie de aberração temporária, tolerada, talvez, mas que não deve se repetir. Isso significa que quase todo final de semana o pai tem de realizar uma reunião especial de família para discutir a divisão de tarefas da família. É como se os Pais Fundadores, depois de ter realizado uma convenção constitucional e redigido a lei do país, decidissem que isso é tão divertido que eles devem fazê-lo uma vez por mês.

Para dizer a verdade, uma reunião de família é realmente mais difícil de realizar do que uma convenção constitucional, porque suas filhas descobrem rapidinho o que está acontecendo e desaparecem da casa no momento em que você diz que precisa falar com elas. Lace uma, deixe-a na sala de estar e ela desaparecerá enquanto você procura as outras. Tente ligar a tevê para manter suas filhas fixadas no lugar e vai acabar gastando meia hora assistindo a uma reprise de *SOS Malibu*. A única técnica que funciona é pegá-las relaxadas em volta da mesa, em um sábado, como magnatas tomando o café da manhã, despreocupadas e esperando que a empregada limpe a sujeira que fizeram quando prepararam suas torradas. Quando estávamos todos juntos, a conversa em nossas reuniões de família acontecia assim:

Pai: Bem, vamos falar das tarefas domésticas de hoje.

Filha mais velha: Eu já fiz minha parte!

Filho: É, eu também.

Pai: Essas são tarefas especiais de fim de semana, não são as tarefas diárias, e, portanto, nenhum de vocês fez essas tarefas.

Filha mais velha: Bem, eu não pude esfregar o banheiro porque (*aponta para a filha mais nova*) ela ficou horas tomando banho.

Filha mais nova: (*Gira os olhos*) Você é muito mentirosa.

Pai: Isso não importa. Temos tarefas especiais de final de semana para discutir.

Filha mais velha: Eu não acho que devia ser permitido ela me chamar de mentirosa.

Pai: Não chame a sua irmã de mentirosa.

Filha mais nova: Então, quando ela mente, do que devemos chamá-la? De "contadora de inverdades" ou de algum nome que rima com a "aranha"?

Filha mais velha: Você ouviu do que ela me chamou, pai?

Filho: Posso ir andar de bicicleta?

Pai: Não. Fique aí. E vocês duas... parem!

Filha mais nova: Nós duas? Ela começou essa.

Filha mais velha: Não, você começou.

Filha mais nova: Não, você.

Filha mais velha: Não, você.

Pai: Parem com isso! *(Respira fundo)* Agora, vamos dividir as tarefas. A primeira da lista é "varrer a garagem".

Filho: Isso não é minha tarefa!

Filha mais velha: Por que ele não tem que fazer nada?

Pai: Ele não está não fazendo nada.

Filho: Não estou?

Pai: Não... quer dizer, você está. Vou tratar disso logo, filho. Estamos na primeira tarefa.

Filho: Tudo bem! Não quero fazer nada.

Filha mais nova: Eu posso sair? Essa coisa toda é nojenta.

Pai: Ninguém vai sair. Sente-se.

Filha mais nova: *(Murmura algo)*

Pai: O que você disse?

Filha mais nova: Nada.

Filha mais velha: Ela disse que isto é uma completa perda de tempo.

Pai: Bem... prestem atenção. Vocês podem esquecer seus compromissos porque nós vamos fazer tarefas domésticas hoje.

Filha mais velha: Ela xinga você o tempo todo, pai.

Filha mais nova: Eu não faço isso!

Filha mais velha: Faz, sim!

Filha mais nova: Não faço!

Filha mais velha: Faz sim!

Filha mais nova: Não vou gastar meu tempo falando com você, que tem cérebro de roedor.

Filha mais velha: E você tem cérebro de lesma.

Filha mais nova: E você, de uma bactéria.

Filha mais velha: Você... bem, você não tem cérebro.

Filha mais nova: Você tem cérebro menos dois.

Filho: Pai?

Pai: Sim, filho?

Filho: A gente pode ir ver o show de *picapes monstro* nesse fim de semana?

Pai: Vamos ficar concentrados só por um minuto. Agora, o primeiro trabalho da lista é a garagem.

Filha mais velha: Já limpei na semana passada. É a vez de outra pessoa.

Pai: Não, você não limpou na semana passada, porque deve ter, mais ou menos, um mês de sujeira acumulada.

Filha mais velha: Bem, você nunca disse nada sobre a sujeira.

Pai: Eu disse para limpar a garagem. Sobre o que você acha que eu estava falando?

Filha mais velha: Bem, não é minha culpa. Há tanta tranqueira por lá que nem consegui *chegar* na sujeira!

Pai: Limpar significa jogar as tranqueiras fora.

Filha mais velha: Isso não é justo!

Filha mais nova: Eu detesto estar com vocês.

Filha mais velha: Eu acho que ela não deveria falar isso.

Pai: Filho? Onde você está indo?

Filho: Hã?

Pai: Por favor, fique aqui até a gente terminar.

Filha mais nova: (*Suspiro de desgosto*)

Pai: Então está definido, você vai arrumar a garagem.

Filha mais velha: Ah! Tudo eu!

(Sai correndo e bate a porta do quarto)
Pai: Volte aqui!
Filho: Posso andar de bicicleta agora, pai?

Um Plano em 10 Etapas para Fazer Suas Filhas Adolescentes Cumprirem as Tarefas

Etapa Um. Fique entre elas e a televisão e bata palmas de maneira bem sonora, anunciando: "É hora de fazer as tarefas de casa!", use uma voz retumbante, como Deus falando para Adão e Eva que eles foram expulsos do Jardim do Éden. Não espere nenhuma reação – elas passaram vários anos dominando a expressão de indiferença em seus rostos e nem piscarão enquanto você balança a casa com sua autoridade paternal. Essa é apenas a salva de tiros de abertura, executada tanto para estimular *você* quanto para ter qualquer impacto que seja sobre elas. Um alerta: não importa o que você faça, *não olhe nos olhos de suas filhas*. O desinteresse que verá ali é tão grande que poderá sugar sua energia e fazer com que caia fulminado no sofá, passando o resto do dia vendo desenho animado com elas.

Etapa Dois. Desligue a televisão. Com certeza, você vai levar vários minutos para achar o controle remoto, portanto, saiba que li o "manual da tevê" e descobri que vários modelos podem ser desligados em um botão do painel da frente. Faça isso para não perder tempo.

Quando a televisão for desligada, as adolescentes vão piscar involuntariamente, pois o seu cérebro, desligado do suporte de vida, tentam funcionar por si mesmos. Essa não é uma visão agradável. Seja forte.

Etapa Três. Com uma voz alta e clara, grite "já" várias vezes, batendo palmas repetidamente. Aos poucos, elas perceberão o que você está falando, e pelo menos afastarão os olhos da tela da tevê desligada (em um esforço tão difícil fisicamente quanto puxar o carpete) e vão olhar para você, piscando suavemente conforme suas mãos batem palmas. É um momento recompensador, muito parecido com um doutor observando o paciente sair de um coma. Mas não se engane: os sistemas de imunidade ao trabalho ainda não despertaram as defesas do corpo delas.

Etapa Quatro. Agora, elas reconhecem quem você é. Então fale bem alto: "Hora de fazer as tarefas!". Elas olham da tevê para você e de você para a tevê desligada, processando o que está acontecendo, com um olhar de pânico estampado no rosto. Alguém está pedindo a elas que *trabalhem*. Por um momento, mas apenas por um momento, elas ficam paralisadas de terror enquanto contemplam a possibilidade de serem forçadas a uma ação tão repulsiva quanto essa.

Etapa Cinco. "Já!", você diz de novo. Mas algo mudou: uma certa determinação aparece lentamente nas expressões delas, é aí que explode uma força vinda do mau humor. Prepare-se. Prefiro ter de procurar alguma coisa em um saco cheio de gatos molhados a discutir com uma adolescente.

Etapa Seis. A indignação brotará delas como uma força impetuosa, cheia de barulho e calor, mais ou menos como o efeito colateral da turbina de um avião a jato. Seja lá o que você fizer, não ouça o protesto delas. Por causa de algum mecanismo especial, que os cientistas ainda não foram capazes de explicar totalmente (porque, eles dizem: "Nossos ratos de laboratório não discutem conosco"), para cada resposta que você dá às oposições de uma adolescente, duas virão no lugar dela. E o pior, seus circuitos de lógica sofrerão um dano irreparável sob esse ataque, fazendo com que você passe o resto do dia vagando por aí, murmurando melhores respostas para si mesmo. Na verdade, não importa se está sendo injusto, se as filhas têm compromissos sociais superimportantes no shopping, se lembraram, de repente, que têm de estudar aquilo que esqueceram quando você perguntou, na sexta-feira, se havia lição de casa, se você é mau e nada razoável e se elas não querem falar com você nunca mais: *você quer que elas façam suas tarefas*. Seja persistente nisso. Prenda-se a isso com uma corda, feche os olhos e encare a tempestade, os trovões, e continue repetindo: "Faça suas tarefas agora".

Etapa Sete. Haverá uma trégua quando as filhas adolescentes perceberem que o pai não mudará de idéia pela falta de lógica. Assim que falharem ao tentar sabotá-lo por meio da simples impetuosidade, elas decidirão mudar da velha tática para a enganação. Você notará que o olhar delas se move de um lado para o outro, procurando uma rota de fuga. "Certo", vão resmungar, agindo de maneira esperta, como se fosse difícil desistir. Elas sabem que uma renúncia humilde despertaria suspeitas, pois são adolescentes – e ninguém espera que façam qualquer coisa sem ao menos uma rebelião simbólica.

Etapa Oito. Hora de anunciar o que as filhas chamam de seus "bingos". "Não haverá cochilos", você avisa em voz alta, "até que as tarefas estejam terminadas. Ninguém vai usar o carro ou falar ao telefone" – elas suspiram profundamente – "e nenhum amigo ou amiga virá fazer visitas, mesmo que seja uma emergência porque o Rafael e a Carol terminaram de novo. Não haverá alegria ou riso até que as tarefas sejam cumpridas." Continue empilhando esses pronunciamentos até que elas finalmente se levantem do sofá. Observe cuidadosamente como as adolescentes se movimentam. Se os ombros parecem esmagados sob o peso do mundo e o andar é pesado, com o efeito da gravidade várias vezes maior do que seu nível normal, elas estão realmente pensando em fazer suas tarefas. Se pulam do sofá com vigor, estão planejando alguma coisa. Normalmente, vão para a cozinha – e você não negaria a última refeição de uma condenada antes do sofrimento, não é? Elas precisam de energia para trabalhar, certo?

Etapa Nove. Feche as rotas de fuga. Puxe algumas barras de cereais do bolso. "Se ficarem com fome, comam isto." "Se o telefone tocar, vou atender. Se a Carol aparecer chorando, vou confortá-la e dizer que o Rafael é um imbecil. Vou escolher a música para ouvir. Essa roupa que vocês estão usando são boas para a ocasião. Vocês não precisam falar com sua mãe." A cada ordem, elas vão contrair os músculos de terror: é absolutamente abominável para a mentalidade adolescente que os adultos saibam o que elas estão pensando.

Etapa Dez. Quando recebe ordem para trabalhar, a adolescente, perde, rapidamente, toda a sua energia. Há geleiras que se movem mais rápido do que uma filha adolescente fazendo suas tarefas. Siga-as conforme cuidam de suas tarefas, instigando-as com outros "bingos". É um trabalho exaustivo para um pai, mas tem um benefício: se sua esposa lhe passar uma lista com tarefas, você poderá explicar por que não pode cumpri-las. Você está muito ocupado.

Conclusão

Os anos da adolescência representam um período de formação, e sua filha vai aprender desde desperdiçar dinheiro em coisas infantis como desperdiçar dinheiro como uma adulta. O trabalho do pai é financiar esse processo.

Se você não der uma mesada às suas filhas, elas não farão suas tarefas. Se você der, elas não as farão do mesmo jeito. Mas, pelo menos, não terá de lidar com as meninas, todo dia, pedindo para abrir sua carteira a cada compra que acham que devem fazer. Se quer ter um pouco de paz e tranqüilidade, então, recomendo que vá em frente e defina uma transferência regular de dinheiro, identificando, futilmente, as tarefas que elas devem fazer a fim de ganhar a mesada. (Essa é uma tarefa bem fácil. Apenas pegue a lista que sua esposa lhe deu e entregue para suas filhas.)

O valor da mesada varia de família para família. Geralmente, a filha deseja um valor capaz de cobrir suas despesas básicas da semana – em outras palavras, toda a renda bruta da família. Já que apenas um país da OPEP é capaz de fornecer a uma garota adolescente todo o dinheiro que quer, o melhor que você tem a fazer é escolher um valor que represente a contribuição da filha para a família e depois adicionar $ 10, chegando, assim, em um total de $ 10.

Sua filha terá uma opinião segura sobre quanto deve receber, mas ela não tem direito a voto. A decisão é sua, e apenas sua: você é o pai.

O Telefone

Mais Importante para uma Adolescente do Que o Oxigênio

As adolescentes são os únicos animais no planeta conhecidos por terem um sistema nervoso que é: (a) externo aos seus corpos, (b) construído pela companhia telefônica.

Quando o telefone toca dentro de casa, as glândulas hiperadrenais que dominam o cérebro de uma garota adolescente são estimuladas, enviando pensamentos ansiosos por toda a sua mente. *Quem será? Deve ser importante, senão não estaria ligando! Tenho que atender o telefone!!!*

As unidades de cérebro adolescente que, por outro motivo, nunca são usadas, com um único e poderoso impulso estimulam a filha a correr mais rápido que um tigre perseguindo um antílope. Se há uma irmã adolescente no quarto, o telefone sinaliza o começo das Olimpíadas adolescentes, com um evento que combina a corrida de 100 metros com a destruição sincronizada de abajures. Vidas inocentes são arriscadas na ansiedade de atender o telefone primeiro.

Os pais acham razoável atender o telefone se estão por perto. Acima de tudo, a conta de telefone é paga por eles, a casa em que o aparelho está instalado é deles e, às vezes, a chamada até pode ser para eles.

Ao levar o instrumento à orelha, o pai escutará um grito de arrepiar os cabelos, como se a pessoa do outro lado da linha estivesse sendo eletrocutada. "Eu peguei!", a filha vai gritar. Segurando o telefone bem longe, para minimizar o dano causado ao ouvido, o pai pode identificar mais claramente o grito de insulto de uma adolescente que foi humilhada porque seu pai ousou falar a palavra "alô" ao telefone, revelando à quem ligou que ela vive em uma casa com pais e não com astros de rock.

"Eu *disse* já peguei! Já peguei!", ela se lamenta.

Há diversas maneiras pelas quais um pai pode responder a uma situação como essa, todas elas causando uma humilhação significativa para uma filha adolescente.

AÇÃO	ESCALA DE HUMILHAÇÃO DE UMA ADOLESCENTE	HUMILHAÇÃO ADULTA EQUIVALENTE
Desligar o telefone sem comentários.	Esse é um sólido 4 na escala de humilhação: o clique na linha serve como prova de que você existe.	Um 4 é o equivalente a fazer uma apresentação de vendas com o zíper da calça aberto – não vai alterar sua vida, mas é claramente um embaraço que você vai querer esquecer bem rápido.
Educadamente dizer: "Certo", e depois desligar.	Um 6. Seu tom mostra que você tem um relacionamento amigável com sua filha. Isso, claro, é ridículo, mas a adolescente no outro lado da linha não sabe.	Você está de volta ao colégio e, enquanto corre para chegar na sala de aula, percebe que está vestido apenas de cuecas.
Dizer: "Eu preciso usar o telefone", e desligar.	Bem, você recebeu um 8 aqui. Provar que você tem direito ao telefone, que ele não é propriedade de sua filha, coloca-a em uma posição de dependência. E ela acha isso tão abominável que é capaz de não falar com você por vários dias.	Pedir uma mulher em casamento e ela ser incapaz de responder por não conseguir parar de rir.
Perguntar: "Quem está falando, por favor?"	Aqui está um 10. Você quebrou um tabu tão grande que talvez nunca seja perdoado. Você não tem direito a essa informação, e o simples ato de requisitá-la é um pecado para o qual não há perdão.	Fazer o juramento para ser presidente da nação vestido apenas com roupa íntima, e todos os ministros ficam incapazes de falar de tanto que estão rindo.

Quando filhas adolescentes falam ao telefone, elas usam uma forma de linguagem totalmente confusa para um pai, é um dilúvio contínuo de palavras sem pausa para respirar ou mesmo escutar. Será que as duas partes falam simultaneamente? Ainda bem que o uso do telefone é cobrado por minuto e não por palavra, senão nenhum pai poderia se dar ao luxo de ter uma linha telefônica em casa. A torrente começa no momento em que a adolescente entra em casa quando volta da escola – o instrumento toca alegremente ao reconhecer que sua melhor amiga chegou. Geralmente, quem liga é a garota que estava sentada *bem ao lado de sua filha no ônibus escolar*, e a conversa, se é que podemos chamar assim, continua ininterruptamente pelo restante da noite.

Uma Semana na Vida de um Telefone de uma Adolescente

Eu estou convencido de que, se a Polícia Federal grampeasse minha casa em uma investigação criminal, eles rapidamente abririam fogo ali apenas para tirar minhas filhas do telefone. Se tentassem registrar o conteúdo dessa tempestade de palavras, olhe como ficaria.

Segunda-feira: *Crise.* Carol e Rafael terminaram.

Terça-feira: *Crise.* Carol diz que nunca mais vai voltar a namorar o Rafael. Eles namoram há séculos, desde antes de outubro. Aimeudeus, a Joana quer sair com o Rafael.

Quarta-feira: *Crise.* A Carol descobriu que a Joana escreveu um bilhete para o Rafael e o deu para a Emília, então, agora a Carol odeia a Emília. A Joana diz que ela e Rafael são apenas amigos – Ah, sim! Acredito, Joana!

Quinta-feira: *Crise.* Agora que a Carol e o Rafael voltaram, eles não estão falando nem com a Joana nem com a Emília. Então, a Emília convidou a Kátia para a sua festa de sexta, e você sabe que a Carol odeia a Kátia porque ela costumava sair com o Rafael, então, agora a Carol *não vai mais à festa*. Essa é a pior coisa que poderia acontecer na minha vida.

Sexta-feira: *Crise.* Carol e Rafael tiveram uma grande briga por ele querer ir à festa mesmo que a Kátia esteja lá. Será que eles vão terminar?

Sábado: *Crise.* Carol e Rafael terminaram! Emília desconvidou a Kátia porque foi por culpa dela que a Carol e o Rafael terminaram, já que a Kátia estava planejando ir à festa. Então, agora a Emília e a Carol são amigas de novo, graças a Deus, porque elas são, tipo, minhas duas melhores amigas no mundo, exceto a Amanda, que é, tipo, minha melhor amiga depois da Carol. A Joana disse que sente muito por ter escrito o bilhete e quer ajudar a reconciliar o Rafael e a Carol – Ah, sim! Acredito, Joana.

Domingo: *Crise.* Carol e Rafael disseram que não terminaram de verdade, eles apenas *disseram* que terminaram para provar como a Joana é duas-caras. Agora, a Joana diz que temos que escolher de quem nós vamos ser amigas, dela ou da Carol. Certo, como se eu fosse escolher a *Joana*.

(Domingo: o pai chama a companhia telefônica e pede para desconectar sua linha.)

Por Que Escutar Atrás da Porta Não É uma Boa Idéia

Depois de uma certa dose de prática, os pais, em geral, se tornam completamente alheios às conversas de suas filhas ao telefone e são capazes de ignorá-las mesmo quando acontecem bem na frente deles. Esta é uma resposta defensiva, iniciada pelo sistema nervoso paternal para prevenir a hipertensão causada pelo estresse. Sem esse reflexo natural, os pais poderiam se descobrir ouvindo um dos lados da conversa – uma experiência desconcertante.

Filha mais velha: Oi, Carol!

(Você tem certeza de que sabe qual delas é a Carol.)

Filha mais velha: Ah, *não.* O que aconteceu?

(A angústia na voz de sua filha é visível, e você abaixa discretamente o jornal que está lendo. Se a Carol e o Rafael estão terminando mais uma vez, talvez você tenha que se matar. Na última vez que isso aconteceu, quatro garotas adolescentes se destaca-

ram como uma resposta grupal de crise malgovernada, soluçando de uma maneira que, com certeza, foi o que inspirou a criação da palavra "histérica".)

Filha mais velha: Ele fez *o quê?*

(Ele fez? Isso não é bom. Você não quer nenhum "ele" fazendo nenhum "o quê" para nenhum corpo que esteja, mesmo remotamente, associado ao de sua filha. Você põe seu jornal de lado e inclina-se para escutar melhor, concentrando-se como uma pessoa que está expulsando um cálculo renal.)

Filha mais velha: Aimeudeus, Carol. Onde você estava?

(Onde você estava? Onde estavam seus pais, Carol? Por que você não teve o bom senso de permanecer separada uma das últimas doze, ou mais vezes, em que você e o Rafael juraram que seu relacionamento estava tão acabado quanto a Rússia?)

Filha mais velha: Então, o que aconteceu?

(Ainda tem mais? Isso já não é ruim o suficiente?)

Filha mais velha: Bem, não se preocupe. Eu já fiz isso.

(Espere um minuto. Você já? Como pode ser? O que você quer dizer com não se preocupe? Preocupação é exatamente o que se precisa nessa situação! Foi principalmente para momentos como esse que Deus inventou a preocupação!)

Filha mais velha: Bem, então não conte a ele.

(Não conte a quem? Ao pai da Carol? Elas estão mantendo segredo para seus pais? Ou seja, sua filha está proibida de sair de casa sem uma escolta familiar. Você não quer nem que ela converse com garotos até se casar.)

Filha mais velha: Está certo! Bom, fico feliz que você tenha ligado.

(Mas você não está. Parece que você estava na chuva e que todo o sangue de sua cabeça foi parar em algum outro lugar, talvez em Nova Jersey. Você se pergunta se deve ligar ao pai da Carol e contar tudo, de homem para homem, de pai para pai, exatamente tudo o que está acontecendo. Com um detalhe, na verdade, você não sabe de nada. E essa é a pior parte de tudo isso.)

A Filha Adolescente como Secretária

As adolescentes realmente não acreditam que seus pais possam receber ligações telefônicas importantes. Receber uma ligação importante implica ter uma vida importante, um conceito claramente ridículo quando aplicado ao pai de uma adolescente. Assim, nunca há uma razão convincente para elas anotarem qualquer recado quando alguém consegue romper o escudo quase impenetrável de sinais de ocupado, que suas filhas construíram ao redor do sistema telefônico da casa, e pedir para falar com um dos pais – as mensagens são transmitidas oralmente, quando são, e geralmente no formato que vou descrever.

Filha adolescente: Pai, um cara ligou.

Pai: Quem?

Filha adolescente: Eu não sei. Ele disse que era importante.

Pai: Era uma ligação pessoal ou profissional?

Filha adolescente: Sei lá.

Pai: Era um parente?

Filha adolescente: Não, eu disse um cara... dãã! Ele te chamou de "Sr. Cameron".

Pai: Então, provavelmente, era uma ligação de negócios.

Filha adolescente: Que seja.

Pai: Ele deixou o número do telefone?

Filha adolescente: Sim, mas não anotei.

Pai: Por quê?

Filha adolescente: Não grite comigo.

Pai: Eu não estou... Olha, não acha razoável que, se alguém me liga, você deva anotar o telefone e talvez a razão pela qual a pessoa ligou?

Filha adolescente: Bem, eu não tinha tempo para ser razoável porque precisava ligar para a Carol. Era uma emergência.

Pai: *(sem querer saber sobre a emergência da Carol)*. Está bem. Esse cara que ligou disse alguma coisa?

Filha adolescente: Sim, algo sobre 1998.

Pai: Mil novecentos e noventa e oito?

Filha adolescente: É.

Pai: Um cara ligou e disse algo sobre o ano de 1998.

Filha adolescente: Isso!

Pai: Não, nada de "isso". O que tem o ano de 1998? Ele só estava ligando para lembrar do passado?

Filha adolescente: Eu não sei, era complicado. Ele era de um posto.

Pai: Um posto.

Filha adolescente: Que seja.

Pai: Um posto de gasolina.

Filha adolescente: Claro.

Pai: Um homem ligou de um posto de gasolina para falar sobre 1998.

Filha adolescente: Eu não acredito que você está fazendo tanto barulho por causa disso.

Pai: Um posto... Espere um minuto, você não está querendo dizer o *Imposto de Renda?*

Filha adolescente: Acho que sim. Pode ter sido isso.

Pai: Eu acho? Alguém me liga da Receita Federal, diz que quer falar comigo sobre o imposto de 1998 e você nem sequer anota o recado? Eu caí na malha fina do Imposto de Renda e você nem se importa em pegar o nome do cara?

Filha adolescente: Bem, por que tenho que anotar o recado? Obviamente, você já sabe tudo a respeito!

Uma Carta Amigável da Companhia Telefônica

Prezado Sr. Cameron:

Parabéns pela sua segunda linha telefônica! Aqui estão algumas sugestões de como fazer um uso mais eficaz de seus novos serviços.

1. Uma Segunda Linha. Com a instalação de sua segunda linha, agora suas duas filhas poderão falar ao telefone ao mesmo tempo, reduzindo assim os gritos que normalmente surgem quando uma delas está em um bate-papo e a outra quer usar o telefone. É claro que essa segunda linha não vai melhorar seu acesso *pessoal* ao telefone. Você achou que iria?

2. Ligações a Três. Agora, cada uma de suas filhas pode ligar para duas amigas e conversar com elas ao mesmo tempo. Isso vai melhorar, drasticamente, a comunicação delas, porque, por exemplo, normalmente, quando a Carol e o Rafael terminam o namoro, sua filha mais velha tem de contatar cada uma das amigas separadamente, o que pode levar a noite inteira. E considere isto: com duas linhas, a qualquer momento, seis adolescentes podem estar conversando ao mesmo tempo. E, se as amigas de suas filhas também tiverem sistema de atendimento a três (e a maioria tem), todo o time de vôlei pode conversar ao mesmo tempo. As possibilidades são ilimitadas. No entanto, você não vai usar melhor e mais o telefone, assim como no caso anterior – você não achou que iria, achou?

3. SMSO (Sinais Múltiplos Simultâneos de Ocupado). Quando as pessoas quiserem ligar para você, agora terão dois números para tentar – e ambos vão responder com um sinal de ocupado. Você não pensou que ter duas linhas telefônicas faria com que as pessoas conseguissem contatá-lo, pensou? Nós recomendamos que assine o Atendimento Simultâneo. Com esse serviço, os bips contínuos pontuarão cada frase, até que a conversa se torne impossível. Mas nenhum desses adicionais possibilitará que as pessoas o contatem – você não achou que iria, achou?

4. Um Benefício a Mais. Quando nenhuma de suas filhas estiver em casa, você vai achar que as linhas tocarão simultânea e continuamente. Isso lhe permitirá que se aperfeiçoe na função de anotar recados, um talento muito valorizado no mercado de trabalho de hoje. O telefonema quase nunca será para você, a não ser que se trate de um vendedor de planos de serviços de chamadas de longa distância. (Bem irônico, não acha?)

Como um gesto final de nossa gratidão, estamos anexando um mapa que indica, claramente, onde pode encontrar um telefone público, que é a única maneira de você conseguir ligar para alguém.

Atenciosamente,
A Companhia Telefônica

Não Há Remédio

Um pai razoável poderia decidir que é melhor deixar sua casa sem telefone. Afinal, a raça humana não sobreviveu, por tantos séculos, sem esse aparelho dos infernos? (Embora eu tenha notado que nenhum dos desenhos descobertos nas antigas cavernas mostrava pintura de uma garota adolescente. Talvez eles não *tivessem* mesmo adolescentes na época, e é por isso que não precisavam de telefone.)

No entanto, se você desinstalar o serviço telefônico, poderá receber uma visitinha da comissão de defesa dos Direitos Humanos depois de lerem o relatório que suas filhas fizeram na escola, onde afirmam que você está torturando-as. (De qualquer modo, não acho que o júri o condenaria por essa acusação – na verdade, se no júri houver alguns pais, é mais provável que eles o aplaudam com louvor...)

Eu consultei a companhia telefônica sobre colocar um telefone público em casa, mas eles recusaram o meu pedido. Parece-me que fizeram isso uma vez, e uma adolescente frenética, que não achou uma ficha em casa, foi forçada a usar a coleção de moedas do pai para descobrir o que todos iriam vestir na festa. A companhia telefônica não quer ainda mais responsabilidade legal do que já tem.

Conclusão

Seria fácil entender porque sua filha adolescente parece ter um telefone cirurgicamente acoplado aos lados de seu rosto se abordasse assuntos de real importância. Se você monitorar a conversa delas (função nada recomendável por longos períodos de tempo), rapidamente concluirá que o que elas estão falando com tanta urgência (a) não faz sentido, (b) é a mesma coisa que estavam falando ontem, na semana passada, no último mês, e (c) tudo gira em torno de quem disse o que a quem sobre o que ela estava vestindo, mas nunca sobre assuntos acadêmicos ou o que comprar para dar de presente no Dia dos Pais. Isso significa que sempre que sua filha precisa falar sobre alguma coisa, não é realmente importante, e ela deveria desligar o telefone – ainda que, ao fazer essa imposição, você possa ser detonado por sua esposa, que finge não estar irritada com toda essa situação.

– São as amigas dela, querido! – ela vai dizer pacientemente. – Você não pode privá-la das amigas.

Bem, quem disse que você não pode? Claro que pode: você é o pai!

Observações de Campo

OBSERVAÇÕES DE CAMPO

Um Estudo Altamente Científico das Adolescentes em Seu Hábitat Natural: o Shopping

Pesquisando para este livro, passei muitas horas entre adolescentes, observando seus hábitos, aprendendo sua linguagem e espreitando seus rituais de convivência. Com o tempo, consegui gostar delas pelo que são: uma espécie completamente alienígena competindo com o *Homo sapiens* pelos escassos recursos do planeta.

Quando estão em casa, as adolescentes passam a maior parte do tempo no quarto, onde se entocam por trás de pilhas de roupas sujas e hibernam até o meio-dia. Falando sério, seria bem mais fácil para os pais se eles nunca entrassem no covil das adolescentes, embora seja um bom lugar para ir se quiser descobrir onde foram parar todos os pratos da casa. Parece que as adolescentes não fazem nada no quarto. Na maior parte do tempo, elas ficam deitada na cama e põem em prática o que consideram ser seu direito constitucional de exercer a indolência e apatia, e de perseguir o torpor.

Por volta dos 13 anos de idade, as filhas adolescentes de repente desenvolvem um desejo incontrolável de passar todo fim de semana no shopping. Os pais têm o direito de suspeitar desses impulsos – quando sua filha tem 13 anos, você deve ver toda motivação como algo completamente suspeito. Um pai sensato não deixará que vá – você nem precisará pensar sobre o assunto.

"O que há de errado em ir até o shopping?", todos da família vão querer saber. Tenha cuidado com esta pergunta: é uma armadilha. Não há nada de errado em ir até o shopping, exceto pelo fato de que na época de Natal isso esgota totalmente suas linhas de crédito. O que há de errado é que sua filha quer ir lá. Como pai, isso é tudo de que você precisa saber.

Código de Conduta para Levar Sua Filha Adolescente ao Shopping

Uma filha adolescente depende de seus pais para levá-la até o shopping. Isso parece uma terrível missão, mas, se acha que pode escapar do seu dever de chofer, está redondamente enganado: negue uma carona para ela e, no próximo fim de semana, um rapaz tatuado, de 16 anos, vai entrar com tudo em sua garagem com um carro de vidros fumê, e sua filha vai escapar tão rápido pela porta da frente que mal vai dar tempo de discar 190. Ela vai desaparecer o dia inteiro, sem lhe dar mais do que um telefonema, e não voltará até que tenham organizado um destacamento de busca. Na próxima vez em que ela quiser ir ao shopping, você vai *implorar* para que o deixe levá-la. Ela vai aceitar, mas você terá de seguir algumas regras, que vou expor agora:.

Tudo bem, quando chegarmos ao shopping, dê um jeito de deslizar no banco para que nenhum dos meus amigos o veja. *Não se aproxime da porta do shopping!!!* Quero descer uns vinte metros antes, por trás do recipiente de lixo reciclável. Nunca, mas *nunca mesmo,* me pergunte se conheço os meninos que estão ali em pé fumando. Não me pergunte com quem vou me encontrar. Não me pergunte quanto tempo vou demorar lá. Não fale comigo.

Caso alguns amigos meus estiverem por perto, vou descer do carro e bater a porta, como se estivesse realmente zangada com você. Nunca, mas *nunca mesmo,* abra o vidro e grite alguma coisa para mim. Ainda que eu finja que não estou te ouvindo, meus amigos poderão ouvi-lo. Não quero que pensem que conversamos um com o outro. Ah! E nunca diga "de nada", como se estivesse fazendo algum tipo de ironia porque eu não lhe disse "obrigada".

Se for me dar algum dinheiro, por favor, faça isso antes que a gente chegue no shopping. Eu ficaria *muito* embaraçada se alguém soubesse que estou recebendo dinheiro dos meus pais. Vou precisar de uns 10 reais para o almoço. Também preciso de umas coisas que vão custar uns 40 – além da parte que você me deve da mesada.

Nunca me peça para lhe comprar alguma coisa no shopping, como se eu estivesse segura de que faria isso. Eu ficaria muito embaraçada se tivesse de comprar, tipo, uma *chave de fenda,* ou coisa parecida, com os meus amigos por perto. Mas também não venha comprar isso pessoalmente no shopping! Encontre um outro lugar. Eu ficaria muito embaraçada se visse você lá.

Quando for a hora de vir me pegar, eu te ligo. E *não* quero ficar conversando. Só vou dizer: "Pode vir me pegar", e pronto. Por favor, não pergunte: "Quem está falando?". Isso não foi engraçado da primeira vez. Quando você parar o carro, estacione na frente do shopping, mas *não* acene para mim! Fique lá que logo vou aparecer. Simplesmente espere por mim, sem buzinar. Eu sei que você está lá! É muito embaraçoso ver você buzinando como um panaca.

Quando eu estiver pronta, vou aparecer, caminhar até o seu lado e dizer que quero ir dirigindo. Não faça um escândalo só porque ainda não tenho idade para tirar uma carta de aprendiz[1]. Quando você disser não, vou revirar meus olhos e fazer uma cara de desgosto para os meus amigos à medida que caminhar em direção ao banco do passageiro e entrar no carro. Vou bater a porta, me virar para o lado da janela e fechar a cara. Se você precisar falar comigo, olhe em frente e tente não mover os lábios. Abandone a área imediatamente.

Tudo bem, no caminho de casa não me pergunte quem encontrei, não me pergunte o que fiz, não me pergunte se comprei alguma coisa "especial", não peça para ver o que comprei e não me pergunte se me diverti. Não vou ao shopping para me "divertir". Vou conversar com você somente se eu estiver com fome e quiser parar em um *drive-thru.* Mas, por favor, vamos falar o mínimo possível. Acho desagradável conversar com você. Não me pergunte o que aconteceu ao dinheiro que me deu para o lanche. Se me encontrar com um garoto e perguntar a respeito, nunca mais vou falar com você, eu juro.

---

1 N.T.: Particularidade do sistema norte-americano de formação de motoristas.

Quando chegarmos em casa, vou direto para o quarto e ligar o som. Preciso ficar um tempo sozinha. Por favor, não me siga – o meu quarto é minha propriedade. Se eu quiser alguma coisa falo para você. Espero que não tenham coisas ruins no jantar.

Um Campo de Estudo das Adolescentes

Correndo um risco pessoal considerável, decidi investigar a vida das minhas adolescentes, indo até o seu meio – indo até o buraco da cobra, eu diria. É algo parecido com o caso de Jane Godall quando foi viver com os gorilas, exceto pelo fato de que eles nunca lhe pediram dinheiro nem roubaram seus moletons na hora em que ela não estava olhando. Eu escolhi um sábado, pois sabia que os meus objetos de estudo estariam reunidos em grandes quantidades – era um dia brilhante e ensolarado e, para uma adolescente, esse é o clima perfeito para passar dez horas dentro do shopping.

Para estudar adolescentes, não é necessário fazer uma camuflagem elaborada – adolescentes têm uma visão muito restrita, reconhecendo apenas um ao outro. Um adulto é completamente invisível, a não ser que você, por acaso, encontre sua própria filha, que franzirá a testa e balançará a cabeça, humilhada por você ter aparecido em um lugar onde os amigos dela poderão vê-lo. Tente aproximar-se e ela rapidamente vai se desviar, segurando o braço de uma amiga e correndo para uma loja. Se você insistir, elas vão se refugiar no banheiro.

As Tribos Mais Velhas

Em uma aglomeração positivamente construída de vida adolescente, de início, não fica evidente que sua ordem social está segmentada em grupos muito específicos. De fato, seus movimentos sinuosos, sem direção, dão a impressão de que elas não têm nenhum tipo de organização. É preciso ficar bem quieto, sentado em um dos bancos, para ter um entendimento dessas tribos complexas.

Espécie: *Adolescenssis Narcissus*

O primeiro grupo que você nota são as garotas adolescentes mais velhas. Essas são as rainhas de sua ordem, sobreviventes que sempre conseguem retornar ao shopping apesar dos pedidos desesperados de seus pais para que façam algo produtivo nos fins de semana. Elas geralmente andam em bandos de três ou mais, e parecem partilhar uma existência em conjunto, baseada em atributos comuns relativos à maquiagem dos olhos e tamanho dos seios. Elas fazem amplo uso de superfícies refletoras para executar ajustes rápidos na aparência. Esse grupo sofre na mão de funcionários incompetentes de lavanderia, que não sabem como lavar suas roupas sem que encolham, até que fiquem tão apertadas que seus pais também sintam dificuldade para respirar.

Embora reinem sobre o shopping, as garotas adolescentes mais velhas parecem meio perdidas, vagando em grandes círculos. Raramente fazem alguma compra nas lojas – o grande lance de sua tarde é provar que são capazes de andar e mascar chicletes ao mesmo tempo. (Algumas até empregam seus dedos nessa operação, esticando finos fios de uma substância pegajosa, de cor rosa, diante de seus olhares inexpressivos.)

Espécie: *Adolescenssis Inutilis*

Completamente perturbados por esse grupo de meninas estão os rapazes adolescentes mais velhos, que parecem ter ainda menos propósito na vida. Se o bando dos rapazes tem mais de três integrantes, um deles caminhará de costas na frente dos colegas, falando alto para os outros como o líder de um exército que está marchando. Eles fazem o máximo de barulho possível enquanto se movimentam pelo shopping.

Incapazes de dominar a mecânica de um aperto de mão, repetidamente eles dão tapas nas mãos uns dos outros, às vezes, atingindo o ar e berrando. Estão plenamente convencidos que todos no shopping os observam com fascinada admiração.

Ao contrário das garotas, esses rapazes têm abundância de espaço em suas roupas. Por isso, suspeito que em uma emergência três ou mais deles poderiam caber dentro de uma única calça. Nenhum deles compreendeu o uso correto do boné de beisebol – eles o usam no anexo correto, é verdade, mas não conseguem entender o propósito da viseira, e normalmente a usam virada para trás. Aqueles que usam a viseira na direção correta, fazem com que ela fique contorcida, parecendo que seus rostos estão espreitando por trás de um jornal enrolado.

Embora estejam lá, primeiramente, para interagir com as rainhas do shopping, os rapazes passam a maior parte do tempo evitando um contato visual. Com seu andar desengonçado, eles cruzam com um grupo de rainhas, e agem como se não percebessem a existência delas, mas, um segundo depois, voltam-se em conjunto para observar as garotas à medida que se afastam. E, se uma garota resolve dar uma olhada por cima do ombro, eles se recolhem como se tivessem sido atingidos por um tiro.

Os incontáveis quilômetros de caminhadas sem objetivo têm seu preço para ambos os grupos. As garotas começam a arrastar os pés, principalmente, quando estão na proximidade de algum bando de rapazes, enquanto os adolescentes do sexo masculino adotam um andar de quem manca, o que sugere uma artrite juvenil.

Encontros Aparentemente Aleatórios

Uma vez ou outra, esses grupos mais velhos de fato se encontram – um penoso ritual que vale a pena observar.

O contato é iniciado pelas rainhas, uma das quais mexerá no cabelo ou virará sutilmente a cabeça quando um grupo de machos se arrastar melancolicamente por perto delas. Isso fará com que os rapazes parem e se acotovelem, consultando um ao outro de uma maneira que sugere puro pânico. Gesticulando selvagemente, aquele que atraiu a atenção ameaçará persegui-la, mas os outros se mostrarão hesitantes. Com freqüência, há muitas risadas em voz alta, apesar da expressão tensa em suas faces, e fica claro que existe pouca coisa divertida na situação.

Quase sempre o ritual termina aí, com os rapazes se deslocando, incapazes de convencerem a si mesmo que de fato tiveram uma chance. Às vezes, no entanto, o bando vai andar rápido para alcançar as rainhas, mas faz isso de maneira que fiquem do outro lado do largo corredor quando elas passarem. Aparentemente, os rapazes acreditam que são invisíveis para as garotas quando se atropelam como jogadores de futebol correndo pelo campo. Então, eles dão voltas, tentando mostrar que a abordagem é acidental, à medida que buscam repetir o contato ocorrido momentos antes. Nesse ponto, as garotas se mostram cruéis, não dando qualquer sinal de que perceberam que os rapazes existem. O segundo passo acaba em confusão, com os garotos perturbados por essa resposta fria quando as coisas tinham ido tão bem da primeira vez.

Com um pouco mais de determinação, no entanto, há um resultado diferente. Os rapazes se põem a seguir as garotas, que deliberadamente diminuem seu ritmo para permitir que sejam alcançadas. Os rapazes enfiam as mãos nos bolsos. As garotas se viram para oferecer uma resistência unida de frente. Os rapazes as encaram. Há um momento de suspense, quebrado quando um dos machos fala. "Oi", ele vai dizer, com os olhos ao longe como se não desse a mínima em conseguir uma resposta. Olhando uma para as outras, as garotas reconhecem o cumprimento e a apresentação está completa.

Pode-se supor que, após ter completado de maneira bem-sucedida esse ritual, os adolescentes passariam ao próximo passo nesse elaborado processo. Mas é aí que eles deixam as pessoas comuns mais perplexas – apesar de todo o esforço que acabam fazer, não finalizam nada. O grupo, agora misto, tenta criar uma harmonia à medida que se desloca em massa pelo shopping, mas há muitas coisas estressantes nessa tarefa. Os rapazes, afligidos pela energia nervosa, querem andar mais rapidamente, então empurram e estapeiam uns aos outros de forma maluca, como se os Três Patetas tomassem uma *overdose* de cafeína. Orgulhosos de suas aquisições, eles se pavoneiam de um jeito curioso – é possível imaginá-los debruçando-se para apanhar um pouco de alpiste no chão. As rainhas se curvam, olhando uma para a outra à medida que sustentam a parte traseira dessa estranha procissão, jogando seus ombros para trás e o tórax para a frente a fim de acentuar as diferenças mais proeminentes entre elas e os machos. Eu chamo a esse andar amalgamado de "pavonear-se e sobressair-se" – e, como pai, é difícil observá-lo sem ficar constrangido.

Os rapazes aparentam não querer falar com as garotas, embora continuem olhando por cima do ombro para terem certeza de que impressionaram as fêmeas com suas palhaçadas. Por fim, as forças titânicas que os uniram começam a soprar para separá-los – as garotas se desgarram e entram em uma loja, acenando freneticamente. Os rapazes fingem que não estão se importando, mas, assim que as garotas desaparecem, eles começam a andar mais devagar e a se tornarem mais lentos. Essa caminhada triste e superficial continua de maneira letárgica até que eles sejam energizados pelo surgimento de um novo grupo de rainhas.

É raro, mas pode acontecer de um dos rapazes trocar informações com uma das rainhas, com um número de telefone anotado em um pedaço de papel. Esse é o ponto em que qualquer pai razoável se sentiria obrigado a dar um salto do banco, revelar-se e pôr o rapaz para correr. Mas, como um bom cientista, eu me forcei a observar sem interferir.

Naturalmente, eu teria feito uma exceção se fosse minha filha.

Espécie: *Adolescenssis Labioscolatus*

Em um certo momento, alguns dos adolescentes mais velhos deixam seu rebanho, composto por espécimes do seu sexo, e formam casais. Isso pode acontecer virtualmente em qualquer tempo, embora a maioria dos pais preferisse que não acontecesse até que suas filhas tivessem ido embora do shopping.

Casais adolescentes, com freqüência, ficam dando voltas de mãos dadas no shopping. Eles contemplam as vitrines das lojas com olhos maravilhados, como se estivessem nas ruas de Paris. Muitas vezes, um chama a atenção do outro para alguma coisa, uma planta em um pote ou uma fonte, e eles olham extasiados para essa coisa que estava lá o tempo todo.

Casais adolescentes inventam as mais ridículas razões para irem um de encontro ao outro, dando origem a um conhecido riso e, o que é pior, a um beijo rápido. O rapaz pára e se vira de repente, o que ele nunca faria em qualquer outra circunstância, e ali estão eles, colidindo suavemente, desculpando-se com seus lábios na mais inapropriada mostra pública de afeto. Os guardas da segurança do shopping são totalmente inúteis nessas situações, recusando-se a aplicar spray de pimenta ou pelo menos emprestá-lo para mim por alguns instantes.

Os Novos Iniciados

Diferentemente da maioria das espécies primitivas, os adolescentes marcam a passagem da infância para a condição de cidadãos totalmente improdutivos do shopping sem nenhuma cerimônia especial ou ritual. A iniciação na tribo consiste em nada mais formal do que ser deixado na entrada do shopping por um pai com olhar ansioso. Ainda não está óbvio que esses jovenzinhos sejam realmente adolescentes, no sentido legal do termo – alguns não demonstram ter mais do que 11 anos de idade. Ainda assim, com sua aparência, eles estão anunciando para o mundo que, tenham ou não 13 anos, estão prontos para começar a agir como adolescentes.

Espécie: *Adolescenssis Embrionarius*

As garotas mais novas fazem sua aparição no shopping como se não tivessem certeza de que sua presença ali é permitida. Ao contrário das rainhas, que sobem e descem com um certo ar de superioridade, essas garotas se apoiam umas nas outras, muitas vezes a ponto de parecer que um único passo errado de uma delas vai fazer com que todo o grupo caia, como se fossem peças de um dominó. Com muita freqüência, elas mordem seus colares, e dizem "Aimeudeus" uma para a outra *muitas vezes*. Elas são meio bobas e nervosas, e se retraem visivelmente quando uma fêmea mais madura passa se pavoneando com um sutiã "Super-Up", que serve para levantar os seios – talvez "torpedo" fosse um nome melhor para captar o espírito da coisa.

Sem entender totalmente o verdadeiro e inteiramente social propósito do shopping, as jovens garotas adolescentes costumam fazer compras nele, pequenas sacolas contendo bugigangas que elas adquiriram por razões diversas e que nunca conseguem explicar a seus pais, os quais, com freqüência, querem saber por que uma pessoa precisa de mais de um daqueles anéis de medir o humor.

Essas garotas parecem que estão em uma missão. Elas andam muito mais rápido do que as fêmeas mais velhas de sua espécie e se mostram excitadas por vitrines. Muitas vezes, elas ficam em volta dos telefones, provavelmente, ligando umas para as outras. "Eu estou no shopping", você pode acreditar que elas estão dizendo isso. "E você, onde está?" E a resposta: "No shopping".

Onde mais elas poderiam estar?

Garotas adolescentes mais novas se maquilam em público. É comum ver um grupo delas desabarem em um banco e passarem horas cuidando umas das outras, penteando, fazendo tranças e trocando muito material de maquiagem.

Às vezes, uma delas dá um passo para trás, distanciando-se do grupo, mexe os braços em um movimento sincronizado, bate palmas e dá um pulo. Embora isso pareça algum tipo de pedido de ajuda psiquiátrica, é na verdade um movimento de uma pseudobaliza (como aquelas garotas que fazem exibições em estádios esportivos), embora não fique claro se as meninas que desempenham essas ginásticas mudas são de fato balizas. As rainhas *nunca* fazem isso.

Quando um grupo de garotas adolescentes mais novas passa por uma loja de música e ouve uma canção popular, elas riem uma para a outra e executam um rápido movimento de dança. Ninguém sabe por que fazem isso. Quando um pai pergunta o motivo desse comportamento bizarro, a garota adolescente afirma jamais tê-lo feito, com um entusiasmo mais característico dos suspeitos de morte.

Espécie: *Adolescenssis Inocenssis*

Jovens garotos adolescentes vagueiam pelo shopping absolutamente determinados a não caírem na armadilha de se verem em uma situação em que tenham de realmente conversar com uma garota. Eles observam com ar abobado as rainhas, muitas vezes perdendo o rumo de onde estão indo e trombando com paredes e guardas de segurança. Gostam de jogar moedinhas na fonte e de se apoiarem nos corrimões do último andar para tentar espiar os decotes das mulheres. Eles demonstram uma completa falta de propósito em sua vida.

Essas criaturas abobalhadas, com defeitos de fabricação, gostam mais de aparecer com suas contrapartes femininas do que os rapazes mais velhos com as rainhas. Dando risadinhas, acenando e encarando-os, as recém-formadas garotas adolescentes transmitem uma insolente mensagem de boas-vindas aos jovens machos, que por sua vez parecem totalmente confusos. Alvoroçados pela atenção, eles ficam aflitos com aquela agitação toda, o que, às vezes, faz com que fujam das garotas, rindo como se essa fuga fosse uma piada superengraçada.

Observando-os, é impossível imaginar que um dia eles vão se transformar em seres humanos produtivos.

Outras Espécies Adolescentes

O shopping é como o recife de um oceano, repleto de formas de vida. Ainda assim, alguns adolescentes não freqüentam o ambiente que atrai tanto os seus pares, preferindo, em vez disso, espreitar fora da segurança das suas paredes. Diante de um ecossistema muito diferente daquele em que os adolescentes habitam no interior, esses subgrupos evoluíram para classes separadas de adolescentes, caracterizadas por costumes sociais incomuns e complexos.

Espécie: *Adolescenssis Rebellis*

Os fumantes acampam fora das portas e fazem crescer a poluição sobre cada pessoa que tenta entrar. Eles se sentam sobre os muros de cimento, balançando os pés, e tentam o tempo todo passar uma impressão de que são "invocados". Forçados a viver nas imprevisíveis temperaturas de um local ao ar livre, quase sempre usam roupas de couro escuras, bronzeando-se como répteis de sangue frio. Alguns rasparam a cabeça, mas só pequenas partes dela, como se tivessem ficado cansados depois de um tempo e não conseguissem mais usar a máquina para completar o corte.

Espécie: *Adolescenssis Extremis*

Para além da área do estacionamento, passeando pelas rampas de carregamento, estão os skatistas, garotos que tentam adquirir fraturas ósseas cavalgando em dispositivos dotados de rodas pelas escadas abaixo e ao longo de corrimões de ferro. Dada a sua agilidade muscular, seríamos tentados a classificar esses estranhos adolescentes como atletas, a não ser pelo fato de que o único nome possível para o esporte seria "autodestruição". Como deve ser divertido atirar o rosto de encontro ao asfalto é uma coisa que só esses caras podem saber. Eu, às vezes, penso neles como os Garotos Perdidos, completamente alheios ao fato de que seus primos estão dentro do shopping paquerando garotas e evitando ambulâncias.

Espécie: *Adolescenssis Gasolinus*

Ainda no próprio pátio de estacionamento, há um outro grupo bizarro: os garotos do carro. Reunidos em torno de lustrosos automóveis, eles passam horas olhando para as máquinas, ligando os motores e fazendo rugir o som. Eles não parecem entender que o carro foi inventado para o transporte. Na maioria das vezes, suas máquinas quase tocam o chão – qualquer objeto na estrada maior do que uma noz já rasparia no escapamento e o faria se destacar do chassi. Em um outro extremo, há as picapes que se elevam no ar, com sistemas de suspensão construídos com grandes escadas. Para subir nesses veículos, ou você usa um banquinho ou tem que ser um praticante de salto de vara.

Espécie: *Adolescenssis Incredibilis*

Ocasionalmente, alguém pode ver jovens com aparência absolutamente normal, que ficam batendo uma bolinha no gramado. Eles não somente são conscientes da existência dos adultos, como também chegam a acenar e sorrir quando um deles passa. Dá até vontade de perguntar se seriam capazes de ajudar a colocar pacotes no porta-malas de um carro. As garotas sentam-se ao sol e riem uma para a outra. Esses jovens parecem limpos, com os cabelos tratados e saudáveis, e devem estar vagueando por ali desde 1956.

Conclusões da Pesquisa

Quando arquitetos e engenheiros civis idealizaram os shoppings, pela primeira vez, décadas atrás, eles provavelmente se concentraram nos benefícios imediatos de suas criações – a destruição dos bairros de varejo do centro da cidade, os congestionamentos de trânsito, a criação de megacadeias de fabricantes com pouca diferenciação de produtos e o desflorestamento em nome dos pátios de estacionamento – e não estavam levando em conta o impacto que esses lugares teriam sobre os adolescentes das gerações futuras. Como se vê, se os shoppings não tivessem sido construídos, os adolescentes de hoje teriam sido forçados a desempenhar atividades produtivas para preencher seus fins de semana.

Minha esposa sempre me pergunta o que tenho contra nossas filhas passarem o dia no shopping. Adolescentes, ela afirma de maneira ridícula, precisam de um lugar para *ir*. Está bem, eu respondo, elas podem *ir* no quintal e rastelar as folhas ou *ir* na garagem e retirar o lixo que está impedindo que eu estacione meu carro lá desde a década de 80. Por que elas têm de passear onde há tantos tipos de perigos espreitando-as, como rapazes e liquidações de roupas?

É um fato bem conhecido que os adolescentes se movem rapidamente para tirar proveito de qualquer discordância entre os pais. Para educá-los corretamente, a mãe e o pai precisam se manter unidos. Portanto, é fundamental que os pais sejam firmes em sua oposição aos passeios de fim de semana no shopping e que não sejam convencidos a mudar de idéia por uma mera lógica.

Sim, pode ser muito pouco compensador ser certo o tempo todo. Mas você precisa fazer pé firme nesse tema. É sua função. Você é o pai.

Crime e Castigo

Quando os Velhos Métodos de Disciplina Não Funcionam Mais, Você Deve Usar Novos Métodos, Que Também Não Vão Funcionar

Um dos poucos prazeres associados ao fato de ser o pai de uma adolescente é poder inventar castigos cada vez mais criativos para ela. No processo, você vai "arruinar a vida dela", o que parece ser um objetivo bem ambicioso, mas na verdade é bem fácil.

Pai: Você não vai a lugar nenhum até lavar toda a louça.

Filha: Você está arruinando a minha vida!

(Ninguém nunca pergunta o que duas filhas adolescentes fizeram com a *sua* vida.)

O que me deixa perplexo nas garotas adolescentes é que elas parecem não sacar a ligação entre o comportamento e o castigo decorrente, mesmo quando o seu rosto fica roxo e você dá um soco na mesa da cozinha. Sua filha vai cometer a mesma violação de novo e de novo, levando-o a aumentar a severidade da conseqüência em uma tentativa inútil de fazê-la *escutar: Você poderia apenas escutar, por favor?!*

Desculpe.

De qualquer forma, se o pai não for cuidadoso, essa bola de neve pode levar a (*a*) uma embolia e a (*b*) um castigo excessivo. O castigo excessivo ocorre quando as punições que você aplicou são somadas, e acabam se tornando uma punição para *você*. Se colocar sua filha de castigo por mais de duas semanas consecutivas, por exemplo, você vai deixar seus nervos em frangalhos em uma escala que vai oscilar entre seis xícaras de café e uma terapia de choque. Tire os privilégios dela com o carro e vai acabar ganhando o prêmio de Chofer do Ano. Ah, e você pode achar que impedi-la de usar o telefone é ser esperto, mas terá uma avalanche imensa de garotas adolescentes invadindo a sua casa por causa de uma "emergência".

A Lista de Atividades Proibidas Segundo um Pai Razoável

Uma garota adolescente é um trabalho em andamento, que deve provar as experiências da vida a fim de aprender e crescer. A função do pai é a de evitar esse processo pelo maior tempo possível. Para isso, ele deve ser muito firme e específico em sua lista de atividades proibidas, senão sua filha encontrará um buraco para escapar. (Eu colocaria garotas adolescentes diante dos promotores mais bem pagos do país – quando se fala das nuances da lei, minhas filhas são capazes de fazer os juízes da Suprema Corte *chorarem*.)

> **Pai:** Eu acho que falei que você não podia sair esta noite.
>
> **Filha:** Eu perguntei se podia sair com a Bia, e você disse não. Então, saí com a Kátia.
>
> **Pai:** (*Som audível de cérebro explodindo.*)

A seguir, um apanhado razoável de exemplos de coisas que estão na lista de "Absolutamente Não" para as filhas adolescentes.

Motos

Você está louca? Você tem alguma idéia de como essas coisas são perigosas? Deixe-me te explicar: apenas um completo e total idiota sentaria na garupa de uma máquina cuja única proteção contra colisões é o ar. E pare de me mostrar fotos que tirei em cima da *minha* moto quando eu tinha a sua idade – isso é completamente irrelevante.

Bater no Seu Irmão Mais Novo

Ao contrário do que você possa pensar, seu irmão não foi colocado nesse mundo para que você tivesse algo para socar. Os gritos e lamentos dele me irritam, então, por favor, desista. E permita-me lhe dar algumas dicas sobre biologia. Sim, no momento, os músculos dele são como espaguete mole, mas ele está crescendo uma média de alguns centímetros e vários quilos por ano, enquanto a única coisa que não parou de crescer em você é a sua língua. Pare um momento para calcular como seu irmão é muito maior do que você quando tinha a idade dele, e veja que lhe restam apenas doze meses antes que ele comece a bater em você com algum efeito real. Você realmente acha que ele vai esquecer todas as pancadas que deu nele nos últimos anos? Eu não acho. Se eu fosse você, iria implorar pela paz *agora*.

Festas

Já que você tem sido tão resistente ao meu perfeito e razoável pedido de permissão para ir a todas as festas em que é convidada, só posso tirar uma conclusão: tem algo que acontece lá que você não quer que eu veja. Sinceramente, não me importo se "todo mundo" vai estar lá – na verdade, isso é até um forte argumento para o fato de que não deve ir! É o que você faz com os outros convidados que me preocupa.

Beijos

Seus lábios já fazem muito esforço falando ao telefone e não preciso me sujeitar ao estresse de ver a boca de algum garoto pressionando-os. Além disso, os beijos têm efeitos imprevisíveis no cérebro masculino, que geralmente manda sinais aleatórios para as mãos. Você precisa manter seus germes em sua própria boca e não compartilhá-los com os outros. E, se você realmente tem todo esse tempo livre com os seus lábios, por que não aprende a tocar corneta?

Tatuagens

Uma tatuagem é como ter uma miniatura da colisão do *Exxon Valdez*[1] no seu corpo, manchando sua pele para sempre. E você alguma vez notou que, quando os jornais publicam descrições de criminosos procurados, quase todos eles têm tatuagens? Alguma vez você já leu: "Günther Grass, ganhador do Prêmio Nobel de Literatura de 1999, com 1,75 metro de altura, com uma tatuagem de uma cobra carnívora comendo um coelho debaixo de seu olho esquerdo"?

---

1 N.T.: O *Exxon Valdez* era um cargueiro para transporte de petróleo, que causou um grande vazamento próximo ao Alasca há alguns anos.

Por favor, não me venha com uma lista de amigas que tiveram permissão dos pais para fazer tatuagens que marcarão para sempre a pele de suas filhas. Para mim, isso é apenas uma prova de que as pessoas estão abusando dos seus direitos de reprodução. E não perca seu tempo descrevendo a tatuagem da Carol como "pequena e saborosa". Os pequenos pontos de mofo verde no pão são "pequenos". Isso os torna "saborosos"?

Você não pode, em qualquer circunstância, fazer uma tatuagem. Essa é a minha solução razoável para essa questão.

Garotos no Seu Quarto

Você está louca? Eu já estive no seu quarto e sei que em algum lugar debaixo de todas aquelas roupas tem uma cama. Quando um garoto vê uma cama e uma garota de pé perto dela, ele sempre acha que seria uma boa idéia deitar. Enquanto você estiver vivendo nesta casa e não tiver chegado aos 30 anos, vai permanecer de pé como um poste na presença de todos os garotos.

Garotos até Tarde da Noite na Sala de Estar

Quando você apaga todas as luzes e se senta no sofá para assistir à tevê com um garoto, acha mesmo que a atenção dele vai permanecer na tela por muito tempo? E ainda, nosso sofá é pequeno e geralmente não me sinto muito confortável espremido entre vocês dois.

Garotos

Quando se chega nesse ponto, os garotos são um acessório desnecessário na sua vida. A mente deles está embebida em uma química chamada testosterona, que limpa qualquer pensamento racional, altera o fluxo sangüíneo e causa comportamento irracional (e, na minha casa, muito perigoso). É claro que você concorda comigo que os garotos são desengonçados e nada atraentes, com mãos muito grandes e muito exploradoras. Se estiver curiosa, pode ver garotos na televisão, e eu tenho certeza de que eles devem ter um site na Internet.

Uma Dose de Prevenção...

Freqüentemente, quando estou sentado em minha poltrona assistindo ao meu programa de esportes na tevê, bebendo cerveja e comendo batatas fritas, fico pensando qual a melhor forma de evitar que meus filhos desenvolvam vícios que fazem mal à saúde. As táticas devem ser radicalmente diferentes para cada filha, levando em consideração as diferenças enlouquecedoras em suas personalidades.

Fumar cigarros, por exemplo, nunca foi um problema com minha filha mais velha, que veria qualquer diminuição na capacidade de seu pulmão como um impedimento à dominação de suas rivais no esporte, mas minha filha mais nova parece mais vulnerável à pressão do grupo. Seus amigos com cara de vampiros, às vezes, dão baforadas em mim quando saio para explicar que minha filha não está em casa por que eu estou dizendo que ela não está.

Quando me deparei com um maço de cigarros fechado na gaveta da escrivaninha de minha filha mais nova, eu não estava procurando encrenca, apenas um disquete vazio para salvar um arquivo antes que meu computador decidisse arremessá-lo para fora do Windows®, o que acontecia muito no passado. Eu olhei para o meu achado com um sentimento de medo e fracasso, percebendo que teria de ter mais do que uma "conversa franca" com minha adolescente mais nova, com quem já bati o seguinte papo:

>**Pai:** Eu quero falar com você sobre fumar.
>
>**Filha:** *(Olhos se revirando e a cabeça balançando.)*
>
>**Pai:** O quê? Não balance a cabeça. Estou falando com você.
>
>**Filha:** *(A cabeça pára de balançar, e os olhos estão em minha direção como se ela tivesse visão de raio X.)*
>
>**Pai:** *(Controlando a respiração.)* Fumar é perigoso. Isso provoca câncer e aumenta o perigo de derrame, que causa a morte, e acho que é algo que deve ser evitado se possível.
>
>**Filha:** *(Suspiro profundo.)* A gente *tem* de falar sobre isso?
>
>**Pai:** Por favor, me escute.
>
>**Filha:** Que seja.

Pai: Quando a gente é jovem, acha que pode parar de fumar na hora que quiser, mas isso pode ser extremamente viciante. Antes que você tome consciência disso, já foi fisgado.

Filha: Posso ir agora?

Pai: Eu não terminei.

Filha: *(Suspiro profundo.)*

Pai: Querida, eu me importo com você. Não quero que comece a fumar. Prometa que quando um amigo lhe oferecer um cigarro, vai recusar educadamente. Apenas diga: "Não, obrigada". E depois nunca mais fale com essa pessoa de novo enquanto viver. Está bem?

Filha: *(Coloca o fone de ouvido.)*

Pai: Você está me escutando?

Filha: *(Nenhuma resposta.)*

Pai: *(Cuidadosamente pega e afasta um dos fones de ouvido, resistindo à tentação de cortá-los e de destruir o discman.)* Eu não acabei de falar com você.

Filha: *(Encolhe os ombros, revira os olhos, suspira, liga o som.)*

Pai: *(Pressão sangüínea causa som de apito de trem a vapor.)*

Ao pensar no meu plano de ataque à questão do cigarro, lembrei-me da minha adolescência, quando a vida era muito mais dura e fortalecia nosso caráter, e percebi que a tática do meu pai, de simplesmente dizer que me mataria se eu fumasse, não funcionaria naquele momento.

Não, se eu quisesse assustar minha filha para que agisse corretamente, colocar o dedo em frente ao seu nariz não seria o jeito certo – ela saberia que era um blefe fraco quando eu agisse assim.

Então, no dia seguinte, quando minha filha voltou da escola e entrou voando em casa, esfomeada como sempre, eu estava sentado com uma pizza que tinha acabado de chegar e uma expressão despoticamente inocente no rosto. (A honestidade e a sinceridade são valores importantes no relacionamento de pai e filha e devem sempre ser empregados, a não ser que uma fraude desonesta funcione melhor.)

Ela parou secamente quando me viu, e franziu as sobrancelhas com desconfiança.

– O que está acontecendo? – ela perguntou.

– Nada – eu sorri. – Quer um pedaço de pizza?

Claro, ela quis. Pude ver a fome febril nos olhos dela. Em geral, quando chega da escola, minha filha esvazia os armários da cozinha em uma devastação frenética. Ela não poderia resistir a sua fonte primária de comida enquanto estava bem ali na frente. A desconfiança a fez hesitar apenas um momento, quando pegou um pedaço de pizza e começou a mastigar, olhando para mim com cuidado.

– Coma – eu encorajei.

– O que está acontecendo? – ela perguntou com a boca cheia. – A mamãe te deixou ou coisa assim?

Eu franzi a testa.

– O que você quer dizer com isso?

Ela encolheu os ombros.

– É que você está agindo tão... amigavelmente.

– Sua mãe disse alguma coisa sobre me deixar?

– Deixa pra lá.

– Ela falou de alguém?

– Está tudo bem... você já voltou ao normal agora.

Eu a deixei devorar a pizza. Quando ela pegou o último pedaço, me levantei.

– Vamos lá fora – sugeri.

Um olhar de alarme cruzou a face dela.

– Por quê? O que está acontecendo?

– Nada. Só quero falar com você um minuto.

– Não vou rastelar as folhas.

– Não, não é nada disso.

– Se é sobre deixar a sua bicicleta lá fora na chuva, não é culpa minha.

– O quê? Está dizendo que deixou minha... – respirei fundo, decidido a ir em frente com a minha missão. – Não, não é sobre isso. Só quero conversar.

– Eu não quero conversar. Falar sobre o quê?

– Nada de mais.

Ela se levantou, curiosa, mas com medo.
– Eu tenho que fazer minha lição de casa.
– Venha, o papo só vai levar um minuto.
Nós fomos para o quintal. Ela parou quando viu as escavações que meu cachorro bobo tinha feito habilidosamente ao redor dos arbustos. Aparentemente, meu cão acredita que, se seus donos gastam tanto tempo remexendo nas raízes de arbustos caros, é porque deve haver algo comestível enterrado lá.
– Esses buracos não são culpa minha – afirmou minha filha.
– Eu sei.
– Eu não tenho de enchê-los. Isso não é tarefa minha.
– Vamos para a cama elástica – sugeri.
A cama elástica é um aparelho para arremessar os filhos ao ar e para dentro de seus cérebros. Definitivamente, não existe qualquer boa razão para se ter um aparelho desses, e, quando meus filhos sugeriram que eu comprasse um, levantei um veto absoluto contra a idéia, e então eles me compraram uma no Dia dos Pais.
A parte de cima da cama estava aquecida pelo sol, quase desconfortavelmente quente quando saltamos nela sentados. Levei minha mão ao bolso e tirei um maço de cigarros.
– Oh! – ela murmurou. Um raio de preocupação passou por seus olhos antes que ficasse fria. – O que você esteve fazendo no meu quarto?
– Eu estava procurando um disquete. Você me disse que eu podia pegar um na sua mesa – eu a lembrei.
Ela passou as mãos no cabelo.
– Isso foi... na *semana* passada – ela deslizou as pernas para a lateral da cama elástica, preparando-se para sair. – Você não pode mexer nas minhas coisas. O quarto é *meu*.
– Onde você conseguiu isso? – perguntei em um tom descontraído.
– É de uma *amiga minha* – ela murmurou.
– Uma amiga – deixei o meu lado da cama por um momento e voltei com um isqueiro. – Ok.
Os olhos de minha filha se arregalaram.
– O que você está fazendo? – perguntou.
– Eu pensei que a gente podia tentar fumar juntos.

– O quê?

– Eu acho que sua amiga lhe deu isso por um motivo. Você quer experimentar, então, vamos experimentar, fumando juntos. Você e eu.

– Tá falando sério?

– *Muito*. Eu remexi o bastão de papel, eventualmente conseguindo acendê-lo e um pouco da minha sobrancelha também. – Aqui. – Eu passei para ela e acendi outro.

Nós sentamos ali tensos, encarando um ao outro. O cigarro dela balançava nervosamente em sua mão, e a fumaça ia traçando um eletrocardiograma flutuante.

– Dê uma baforada – eu insisti.

– Por que estamos fazendo isso? – ela cochichou. Sua suspeita estava no grau máximo.

– Em vez de colocá-la em uma situação na qual poderia desobedecer seu pai, o que sei que você nunca faria intencionalmente, sob quaisquer circunstâncias, achei que faria sentido se você fumasse com uma permissão secreta especial.

Seu olhar indicava que ela já poderia ter pensado em desobedecer seu pai uma ou duas vezes na vida, mas se ela o fez, manteria isso como seu segredo especial.

– Vá em frente, pode tragar – eu sugeri. – Suas bochechas esvaziaram-se conforme ela tragava uma poluição não familiar. O rosto da minha filha adotou a expressão de alguém que engoliu acidentalmente um rato, e ela começou a tossir pra valer.

– Bom, não é?

Eu podia ver sua mente adolescente calculando, conforme ela observava, a ponta ardente do sistema de entrega de veneno na mão. Ela não tinha percebido que seus pulmões reagiriam de maneira tão veemente à inserção de tabaco carbonizado em suas paredes sensíveis, e sabia que, se ela um dia quisesse fazer bonito na frente das amigas, teria de dominar suas respostas biológicas. Com uma expressão de determinação, deu outra tragada, inclinando-se para frente um segundo depois e expulsando a fumaça de sua boca, nariz e olhos.

– É melhor se você aspirar fundo – aconselhei de maneira solene.

Ela deu uma olhada em mim, confiante, e isso quase partiu meu coração.

Lá pela metade do segundo cigarro, seu corpo parecia ter se resignado ao abuso. Suas bochechas ruborizavam-se conforme a nicotina ou a privação de oxigênio estimulava os vasos capilares que estavam sobrevivendo ao ataque.

– Pegue outro – ofereci generosamente.

Agora, ela estava pegando o jeito. Em vez de segurar o cigarro como um lápis, estava balançando-o pelo ar, despreocupadamente, entre dois dedos sofisticados. Ela foi capaz de acender o próximo da fila na brasa do primeiro, dando um pequeno sorriso triunfante para mim.

Meu próprio cigarro estava consumindo-se sem a ajuda dos meus pulmões – quando segurei a coisa em meus lábios, o fiz sem inalar, como o ex-presidente Clinton fez ao experimentar a maconha.

– Aqui na lateral do maço diz que o uso prolongado pode levar a grandes recompensas no tribunal – comentei.

A risada dela soou como dois gravetos sendo esfregados um no outro.

– Talvez na próxima semana possamos experimentar heroína, sugeri. E levantei. – Quer pular um pouco na cama elástica?

Meu movimento a fez tombar. Ela segurou o cigarro longe do corpo enquanto se ajeitava em uma posição com as pernas cruzadas.

– Na verdade, não – ela afirmou.

– Bem... – eu disse. Flexionei um pouco meus joelhos, espalhando tremores pela superfície firme da cama elástica. Ela colocou uma mão tremendo para fora, tentando se firmar. Sentindo que eu estava desistindo de nossa pequena aventura, tragou vigorosamente o cigarro, como alguém fazendo uma última corrida ao bufê do jantar antes que ele feche.

Eu me impulsionei mais alto.

Algo parecia estar mudando a natureza da experiência para ela. Era como se seu corpo, incapaz de convencê-la a parar essa tolice, simplesmente através de espasmos do pulmão, estivesse agora decidido a juntar outros órgãos internos no conflito.

– Ei! você poderia parar de pular um minuto? – ela pediu.

– Só mais um – prometi a ela.

O calor vindo da cama elástica era palpável, embora eu tenha suspeitado que o brilho súbito de suor na testa dela fosse mais por causa de mecanismos internos. Ela começou a engatinhar para o lado da cama elástica, seu rosto estava em um interessante tom de cinza-esverdeado. Quando largou-se no chão, suas pernas tremiam como se ela tivesse aterrissado no meio de um terremoto e eu podia sentir que seu cérebro ainda pensava que ela estava na cama elástica.

Eu deslizei para a terra firme e coloquei meu braço em volta dela.
– Você está bem?

Ela acenou bravamente com a cabeça, mas debruçou-se sobre mim conforme eu meio que conduzia, meio que a carregava para a cama. Ela entrou debaixo das cobertas como um saco de roupas para lavar sendo jogado de um caminhão, com suas mãos segurando os lençóis num esforço para impedir o quarto de rodar.

Ouvindo sua respiração áspera, eu estava convencido de que quando ela despertasse de seu coma, encararia o mundo como uma não-fumante.

O Julgamento de Minha Filha Mais Velha

O Honorável W. Bruce Cameron Presidindo

Juiz Pai: Sentem-se todos, por favor. No caso, o Estado contra minha filha mais velha, pelos crimes de arrombamento, roubo e destruição de propriedade. Estamos prontos para prosseguir?

Filha mais nova: A promotoria está pronta, Meritíssimo.

Juiz Pai: Muito bem. E a ré escolheu representar a si mesma neste caso?

Filha mais velha: Sim, Meritíssimo.

Juiz Pai: Vamos dar prosseguimento às declarações iniciais.

Filha mais nova: Obrigada. O Estado provará, acima de qualquer dúvida razoável, que a ré entrou consciente e por vontade própria em meu quarto, abriu meu armário, retirou uma calça jeans, que paguei com a minha própria grana, e levou-a ao quarto dela, onde intencionalmente a destruiu. Se permitirmos que um crime assim fique sem punição, em breve ela estará pegando e usando os moletons do papai quando ele estiver fora da cidade, como fez há duas semanas.

Filha mais velha: Ei!

Juiz Pai: Você tem alguma objeção?

Filha mais velha: Nós não estamos aqui para falar sobre qualquer coisa além da calça jeans.

Juiz Pai: Vou permitir um pequeno desvio nas declarações iniciais, mesmo porque já disse para você parar de usar meus moletons.

Filha mais velha: Proponho que o juiz seja desqualificado para exercer sua função enquanto tiver um preconceito em relação a mim.

Juiz Pai: Eu não tenho preconceito em relação a você, tenho preconceito em relação ao fato de as minhas roupas desaparecerem. Vamos continuar. Você tem alguma declaração inicial?

Filha mais velha: Sim.

Juiz Pai: Então?

Filha mais velha: Para que serve tudo isto? Você nem vai escutar mesmo.

Juiz Pai: Eu estou escutando. Você quer prosseguir ou não?

Filha mais velha: Está bem. Bom, primeiro, ela é uma bebezona, e como pode ter ocorrido um arrombamento se o rádio estava ligado no quarto dela, e o *papai diz* que você não pode deixá-lo ligado, e tenho que ir lá para desligar o tempo todo – mas ninguém me agradece por isso. E, se quer falar dos moletons, que tal falar também de quando o Adam veio aqui e você o deixou andar na bicicleta do papai e eu nunca disse nada a respeito que te entregasse? Talvez se pagasse o dinheiro que me deve, que eu cobrei e você agiu como uma garota mimada, nada disso teria acontecido.

Juiz Pai: Bela declaração inicial. Você vai alegar insanidade mental?

Filha mais velha: Isso é tão injusto.

Juiz Pai: Ok. Primeira testemunha?

Filha mais nova: A promotoria chama a única testemunha, meu irmão.

Juiz Pai: Filho, você jura dizer a verdade, toda a verdade, nada mais que a verdade?

Filho: Beleza.

Juiz Pai: Podem sentar-se.

Filho: Pai, já vi as duas usando seus moletons.

Filha mais nova: Protesto!

Filha mais velha: Ora, ora! E agora quem é que vai para a prisão?

Filho: Bem, jurei falar toda a verdade.

Juiz Pai: É bom saber disso, mas vamos nos concentrar em um caso de cada vez.

Filho: Está bem.

Filha mais nova: Agora, por favor, diga ao tribunal, com suas próprias palavras, o que aconteceu domingo passado, à tarde, quando você viu a ré entrar no meu quarto, abrir o armário, pegar uma calça jeans novinha e voltar para o quarto dela.

Juiz Pai: Isso não soa como se fosse as próprias palavras dele.

Filha mais velha: É isso aí, protesto!

Juiz Pai: Mantido. Por favor, pare de conduzir a testemunha.

Filha mais nova: Sim, Meritíssimo. O que aconteceu na tarde de domingo?

Filho: Eu estava sentado no chão vendo tevê.

Juiz Pai: Espere aí. Em uma tarde gostosa de domingo, tudo o que você consegue fazer é ver tevê?

Filho: Bem... se não fosse isso, como eu poderia estar testemunhando o crime?

Filha mais velha: Eu já disse... não teve crime nenhum.

Juiz Pai: Vamos apenas continuar com a sua história, mas deixarei anotado para que o tribunal faça uma lista de tarefas que lhe servirá para substituir a televisão no próximo domingo.

Filho: Ah, ótimo! Eu sabia que isso aconteceria.

Juiz Pai: Por favor, continue com o seu testemunho.

Filho: Bem, eu estava sentado lá, porque *tinha acabado as minhas tarefas e a mamãe disse que eu podia ver tevê,* quando ela entrou e pegou a calça jeans.

Filha mais nova: Que fique gravado que a testemunha está apontando para a ré.

Juiz Pai: Que assim seja.

Filha mais nova: Se o júri estiver de acordo, o povo gostaria de apresentar como prova esta calça jeans.

Filha mais velha: Que povo?

Juiz Pai: Admitida como evidência a prova A apresentada pelo povo.

Filha mais nova: Eu pergunto só uma coisa: esta é a calça que ela roubou de mim?

Filho: É.

Filha mais nova: E ela a cortou para fazer um short?

Filho: É.

Filha mais nova: E agora ela está toda estragada. Esta era minha melhor calça jeans!

Filha mais velha: Que coitadinha!

Juiz Pai: Deixe-me ver isso. Bem... meu Deus, você realmente pensou que fosse possível usar essa calça desse jeito? Ela ficou tão curta que está... está... ginecológica! Você perdeu o juízo?

Filha mais velha: Bem, qual é o propósito deste julgamento se você acha que sou culpada sem ao menos ter ouvido o meu lado da história?

Juiz Pai: Eu... está bem. Estou falando deste short improvisado aqui, e meramente salientando que qualquer filha minha que tentar usar algo assim ficará de castigo.

Filha mais velha: Eu nunca disse que tinha usado, disse? Este é um daqueles tribunais ideais para o Captain Kangaroo[2].

Juiz Pai: A ré está avisada que deve se abster de fazer comentários sarcásticos ou será suspensa por desrespeito ao tribunal. A promotoria tem mais alguma coisa a dizer?

Filha mais nova: Sem mais perguntas, Meritíssimo.

Juiz Pai: Muito bem, a testemunha é sua.

Filha mais velha: Ótimo. Então, você diz que estava vendo televisão.

Filho: Hã... hã... Porque já tinha feito minhas tarefas.

Filha mais velha: E mesmo assim você me viu entrar no quarto dela.

Filho: Hã... hã...

Filha mais velha: Então me diga: como pôde me ver se estava virado para a televisão?

Filho: Eu me virei.

Filha mais velha: Não, você não se virou! Você ficou apenas sentado lá!

Filho: Bem... mas ouvi sua respiração.

Filha mais velha: O quê?

Filho: Eu podia dizer que era você pela sua respiração.

Filha mais velha: Isso é completamente idiota.

Filho: Ei! Ela pode me chamar de idiota?

Juiz Pai: O Estado protesta?

Filha mais nova: Bem, isso é meio idiota.

Juiz Pai: Filho, você está dizendo que não viu nada, certo?

Filho: Certo.

Juiz Pai: Sendo assim, não há testemunhas para o crime alegado.

Filha mais nova: O quê? Você pensa que fiz isso com a minha *própria* calça jeans?

---

2 N.T.: Marca de roupa.

Juiz Pai: Não, mas não posso aceitar uma acusação com base em uma respiração.

Filha mais velha: Ah!

Filha mais nova: O que você me diz de eu ter encontrado o jeans em cima da cama dela?

Filha mais velha: Agora, quem é a arrombadora?

Juiz Pai: A calça estava na sua cama?

Filha mais velha: Sim, mas isso não significa que eu a coloquei lá. Ninguém ouviu minha *respiração*.

Juiz Pai: Certo. Estou pronto para dar um veredicto.

Filha mais velha: Só um segundo! Alguém se importa com o fato de que ela me deve 20 reais e que se tivesse pago eu poderia ter comprado um short para mim que estava em liquidação?

Filha mais nova: Isso não lhe dá o direito de roubar a minha calça!

Juiz Pai: Tudo bem. Estou pronto para tomar uma decisão agora.

Filha mais velha: Bem, está certo! Mas eu precisava de um short para ir ao parque jogar *frisbee* com o Blaine.

Filha mais nova: Blaine Petersen? Aimeudeus, ele é tão gostoso. Você está saindo com ele?

Juiz Pai: O tribunal vai pronunciar a sentença agora.

Filha mais velha: Não! Ele está saindo com a Cecília, mas você *sabe* que ela vai voltar com o Jake. Ela fala dele o tempo todo.

Filha mais nova: Ela é uma vaca.

Juiz Pai: Ei! O que você acabou de falar?

Filha mais velha: Lamento pela sua calça jeans, mas eu estava desesperada.

Filha mais nova: Vou devolver o dinheiro que lhe devo, mas você tem de comprar uma calça nova para mim.

Juiz Pai: Ninguém se importa com o veredicto?

Filha mais velha: Nada mais justo.

Filha mais nova: Quer ir ao shopping? A gente pode encontrar um short.

Filha mais velha: E acho que estão fazendo uma liquidação de jeans na Gap.

Filha mais nova: Ok.

Filho: Pai, posso ser o juiz agora?

Conclusão

Os psicólogos freqüentemente defendem uma abordagem cenoura-e-bastão para criar adolescentes, apesar de eu não conseguir imaginar o bem que poderia fazer quando se bate em alguém com uma cenoura. Para os pais, o propósito do castigo é convencer a si mesmos que, apesar das provas em contrário, estão realizando um bom trabalho ao criar seus filhos. Para os adolescentes, o castigo é apenas um lembrete desagradável de que foram pegos – e de qualquer maneira aquele castigo realmente não vai causar nenhum impacto no comportamento deles.

Uma vez, minhas filhas até tentaram implementar uma espécie de sistema de trocas no que diz respeito à disciplina.

Filha mais velha: *(Barulho alto de festa no fundo.)* Pai, a mamãe está aí?

Pai: Ela não pode vir até o telefone.

Filha mais velha: Ah!

Pai: Há alguma coisa que eu possa fazer por você?

Filha mais velha: Bem, você se lembra de quando me disse que eu não podia ir à festa da Amanda porque os pais dela estavam fora da cidade, o que não tinha nada a ver?

Pai: Lembro.

Filha mais velha: Ok. E qual seria o castigo se eu acabasse indo?

Pai: Você ficaria de castigo por uma semana: sem telefone e sem carro, e seu quarto teria de estar limpo antes que você pudesse sair de novo.

Filha mais velha: *(Pausa longa.)* Que tal se eu só ficar sem carro e limpar meu quarto?

É frustrante pensar que ao longo de toda a história o homem treinou cavalos, cachorros e até leões, mas nenhum jamais conseguiu treinar uma adolescente. As garotas adolescentes acreditam que seu comportamento é justificável, isso porque elas não seriam adolescentes se não se rebelassem contra você. O castigo parece não produzir o efeito que se deseja, mas o que mais poderia ser feito? Você não pode simplesmente desistir. Essa atitude perturbaria a ordem natural das coisas. Ambos estão cumprindo seus papéis. Elas são as filhas adolescentes, e, você, você é o pai.

Mudanças Físicas Não Autorizadas

Em uma Certa Idade, uma Garota Adolescente Começa a Exibir Lembretes Perturbadores sobre por Que Somos Chamados de Mamíferos

Poucas coisas são mais aflitivas para um pai do que observar os adoráveis traços físicos de sua filhinha serem distorcidos pelas enlouquecedoras conspirações hormonais do corpo adolescente. Felizmente, existe uma eficiente técnica que um pai pode usar para fazer frente a essas mudanças: negá-las. (Você já está negando-lhe a permissão para agir como uma adulta; negar que ela pareça uma adulta, de uma certa maneira, é ainda mais fácil.)

Ninguém pensa em avisar o pai que a garota está prestes a experimentar sua radical transformação. Poderia ajudar se, no momento em que a corrente sangüínea começasse a fluir com hormônios adolescentes, soasse um alarme ou algo parecido, como ocorre, por exemplo, quando alguém faz um ponto no jogo de hóquei.

Na hora em que isso aconteceu com minha filha mais velha, as primeiras notícias que eu tive de um desastre iminente vieram, em uma tarde de sábado, quando inocentemente sugeri que nós dois praticássemos alguns padrões de passe no futebol[1], que precisavam ser trabalhados em relação ao ritmo. Nessa época, ela estava na sexta série, ainda podia sair no recreio, e era uma das poucas participantes femininas do jogo diário de futebol na grama. Alguma coisa ligada às colisões físicas do esporte a atraiu – eu podia imaginá-la abaixando a cabeça e correndo direto por cima de algum azarado garoto que estivesse no seu caminho.

Mas ela não quis jogar. Da noite para o dia, curtir um futebol tinha saído de sua lista de prioridades.

Naturalmente, eu era compreensivo e paciente, embora tivesse perguntado, diversas vezes, o que ela queria dizer com não querer

---

1 N.T.: O autor refere-se ao futebol americano.

jogar futebol nunca mais, como podia não desejar jogar futebol se adorava esse esporte. E finalmente ela me revelou seu segredo:

– Eu não gosto quando eles tentam me atacar.

Isso me pareceu completamente sem lógica. Ser atacada permitia a ela jogar todo o seu peso sobre algum infeliz adversário – ao vê-la jogando na vizinhança, algumas vezes ao longo dos anos, eu tinha a impressão de que ser atacada era mais divertido para ela do que marcar um gol.

Ela explicou:

– Os meninos começaram a querer agarrar muito.

Quando finalmente entendi o que ela estava dizendo, senti que *eu* estava sendo atacado. O meu rosto ficou dormente, o sangue foi drenado das minhas extremidades, sentei para não desmaiar.

Minha filha agora tinha partes que os garotos queriam agarrar.

Com cuidado para não reagir de forma exagerada, eu disse a ela que a gente ia jogar em um outro dia. Então, entrei em casa para procurar escolas só para meninas na lista telefônica.

– O que *nós* vamos fazer? – supliquei, dirigindo-me à minha esposa.

Ela me olhou com uma expressão que, como eu soube depois, significava que pensa que sou um idiota.

– Não há nada que possamos fazer – ela afirmou.

– O que você quer dizer? – explodi calmamente. – É claro que podemos fazer alguma coisa! Nós somos *os pais* dela! Não acredito que você esteja sugerindo que a gente fique aqui parado, deixando essa coisa acontecer.

– Bem, o que você quer fazer? Colocar um aviso no quarto dela?

Minha filha mais nova tem tido menos tempo para se desenvolver, mas está tentando apressar o processo junto com sua escolha de roupas. O termo técnico para isso é "ênfase inadequada", e eu faço o melhor para conseguir que ela preste atenção nesse assunto, de maneira que possa corrigir o erro, como se percebe na troca que vou apresentar agora:

Pai razoável: Ei! Aonde você pensa que vai?
Filha mais nova: *(Dando de ombros)* Sair.

Pai razoável: Eu estou vendo. Mas para onde?

Filha mais nova: *(Suspirando.)* A Kátia vem me pegar.

Pai razoável: Escuta, você consegue perceber que respondeu a pergunta errada? Daqui a pouco, vou fazer objeções válidas em relação ao "como". Por enquanto, estou interessado no "onde".

Filha mais nova: Ai! Detesto quando você age desse jeito.

Pai razoável: Eu notei que na sua afobação para sair você sem querer colocou uma camiseta muito pequena.

Filha mais nova: Posso ir embora?

Pai razoável: Não com roupas feitas de tecido autocolante.

Filha mais nova: Eu detesto você! *(Corre para o quarto e bate a porta.)*

Pai Razoável: Enquanto estiver aí, procure uma roupa mais folgada para usar.

O Que Está Mudando

Embora, geralmente, eu faça o máximo para não insistir quanto às mudanças físicas que minhas filhas adolescentes têm mostrado ao longo dos anos (lembre-se: Negue. Aprenda. Use.), vou narrá-las aqui.

Tamanho

Embora perceba que apenas algumas semanas atrás sua filhinha estava subindo no seu colo, pedindo para contar-lhe uma história, você notará que as pernas dela cresceram bem mais do que é necessário para atingir a superfície. Ela não olha mais para você como se fosse um arranha-céu – você está mais para o edifício do banco que fica na vizinhança, pouca coisa mais alto do que ela, e com um certo conjunto de funções bem definidas. Ela parece pesar, facilmente, mais do que 50 quilos – e você nem quer algo assim sobre o seu colo.

Eu reconheci, pela primeira vez, o novo peso de minha filha quando fui na quadra jogar um pouco de vôlei com ela. Eu dei um toque na bola em direção ao ar, minha filha pulou *por cima* da rede e devolveu a bola direto no meu rosto. Totalmente despreparado, observei estupefato o veloz míssil vir em direção ao meu nariz, terminando, assim, o período daquela tarde que fiquei sem dor.

– Você está bem? – minha filha falou ansiosamente.
– Claro! – assegurei, sem muita convicção. – Sem problemas.
– Então, por que você está deitado?
– Estou com sono.
– Você vai voltar?
– Não vejo por que não.
– Quando?
– Assim que eu voltar a sentir minhas pernas.

Ter filhos maiores pode ser útil: agora, eles podem tirar as compras do carro ou ajudá-lo a limpar o quintal. Mas entenda que não significa que vão fazer isso – eles apenas *podem* fazer isso.

Acne

No dia em que a primeira espinha entra em seu lar, no rosto de uma filha adolescente, há um arrancar histérico de cabelos. Sua filha se fecha no quarto, soluçando, enquanto o resto da família se reúne preocupada do outro lado da porta.

– Eu nunca mais vou sair daqui. Nunca! – ela se lamenta.
– Por que não se levanta um pouco, filha? – você sugere atencioso. E a família toda lhe dirige um olhar de total repugnância.
– Ela não pode porque tem acne – dizem todos.

Sirenes tocam, como uma ordem, e a família corre até a farmácia para comprar cremes antiacne – onde há substâncias químicas suficientes para destruir a camada de ozônio em uma única aplicação.

– Experimente este. O rótulo está em francês e é muito caro – sua esposa sugere. – É a secreção de um *albino platypus* grávido.
– Todas essas coisas agem *sobre* a pele. A acne vem *de baixo* da pele – você argumenta. – Alguém usaria um gel para tratar apendicite?

Usar lógica nessa crise particular em que há uma refém não é aconselhável – sua filha quer simpatia, não dermatologia.

Sua esposa vai atrás do *Guia para Emergências Médicas* e começa a gritar coisas através da porta.

— Tente aplicar compressas quentes — sugere.

— Você quer me dizer que a acne é considerada uma emergência médica? — você pergunta. Será que o mundo inteiro ficou louco?

— Aqui diz que se você se bronzear um pouco a pele pode ficar livre de espinhas! — diz sua esposa.

Há uma pausa no choro histérico.

— É mesmo?

— Acho que sim. Mas, se você não sair desse quarto, essa coisa vai ficar aí — você observa. Novamente, estão todos te olhando.

— O que foi?

— Você não está ajudando — sua esposa o informa.

— Qual é? Estou aqui como parte da Equipe do Departamento de Emergências contra Espinhas, você não está? Você é encarregada da reação emocional exagerada, eu sou encarregado da sanidade mental.

— Você é quem sempre reage com exagero, pai — sua filha mais nova avisa maldosamente.

— Você parece ter problemas de ajustamento com o fato de nossa filha estar se tornando uma mulher — sua esposa concorda psiquiatricamente.

— Essa é a coisa mais ridícula que já ouvi na vida. Ela *não* está se tornando uma mulher!

— Vocês ainda estão aí? — pergunta a filha mais velha chorando.

— Não se preocupe, ainda estamos em pânico — você retruca. — Só que precisamos fazer isso mais serenamente.

— Você quer tomar um pouquinho de sol — sua esposa quer saber. — Quem sabe ajuda.

— Ou uma câmara de bronzeamento? — diz a voz do outro lado da porta.

— Tá bom. Temos um maravilhoso sol de graça aqui em cima de nós e vamos gastar 40 *pilas* para freqüentar uma clínica de bronzeamento artificial — você pondera.

— Você pode economizar 20 se pagar três sessões adiantado.

— Ah, sim! Se você pode economizar *20*...

— Se vou para uma clínica de bronzeamento, preciso de um novo maiô — sua filha mais velha adverte.

Você sente que sua paciência está sendo minada por toda essa negociação. Talvez mais tarde faça um vídeo da porta do quarto de sua filha para que, daqui a alguns anos, possa se lembrar melhor de como era falar com ela quando era adolescente.

– Mas não se esqueça de que o sol produz rugas – você grita.

– Sim, quando você tem, digamos, *30 anos* de idade – sua filha mais nova ironiza. – No caso, quem vai ligar para a sua aparência se sua vida está mesmo acabada?

Bem, este é um ponto interessante.

SMP – Situação Mental Precária

Aparentemente, as duas semanas antes e as duas semanas depois daquilo que minha mãe chamava de "ficar incomodada" fazem parte de um período difícil, que resulta em satânicas mudanças de humor. Realmente não quero me deter sobre o que causa essa síndrome cujos efeitos afetam igualmente a filha adolescente e o resto da família. Eu só sei que, de repente, você vai se ver tendo conversas como esta que relato:

> **Pai**: Você usou só a água da torneira quente do chuveiro de novo? O banheiro está mais quente do que a Etiópia! Outras pessoas têm que tomar banho, você sabe!
>
> **Filha**: Eu te odeio! *(Sai chorando, tranca-se no banheiro, liga o chuveiro.)*

Um dos aspectos mais frustrantes da SMP é que não é permitido aos homens mencionar sua existência. Quando uma filha pula da mesa, gritando que não é problema de ninguém se ela tem lição de casa, a esposa vai olhar para o marido perplexo e dizer:

– Ela está menstruada.

– Eu não quero saber – o pai responde honestamente.

Quando a mesma coisa acontece um mês depois, o pai se vira para a esposa e pergunta:

– Ela está menstruada?

– Que coisa mais insensível dizer isso! – a esposa responderá asperamente. – Típico de um homem!

Com o tempo, você perceberá que a filha está desenvolvendo uma função biológica. E o propósito disso não é apenas levá-lo à loucura, mas, sim, prepará-la para a reprodução. Essa percepção geralmente ocorre na calada da noite, fazendo com que se levante perturbado, como se alguém tivesse invadido sua casa.

Mas cuidado para não exagerar na reação. Se você entrar correndo no quarto da filha para assegurar-se de que ela está sozinha ali, é possível que tropece em um dos montes de roupas no chão e quebre o tornozelo. Só porque acabou de ocorrer-lhe que a filha é capaz de ficar grávida não significa que isso está acontecendo naquele momento. Tente dormir um pouco – haverá bastante tempo de manhã para pensar sobre arame farpado, cães pastores alemães e outras proteções razoáveis.

Cabelo

Há um propósito evolucionário para o cabelo: ele cobre a cabeça. Sem ele, as pessoas costumam sofrer no frio, ter queimaduras de sol e nutrir uma crença obsessiva de que "as mulheres acham sexy homens carecas". (Esta última parece ser resultado da conclusão de uma pesquisa que excluía qualquer mulher.) Adolescentes não parecem estar informadas de que o cabelo existe por alguma razão; na verdade, elas passam a impressão de que querem atormentar o cabelo. As garotas o enrolam, brincam com ele, o tingem, pressionam com grampos quentes e tubos de vapor e até o colocam na boca. Os pais fazem um comentário freqüente e útil sobre esses comportamentos, instruindo as filhas de uma maneira que é, ao mesmo tempo, irrefutável e ignorada.

Quando não estão brincando com o cabelo, as adolescentes estão falando sobre ele.

> **Carol**: Aimeudeus! Você tingiu o cabelo?
>
> **Filha mais velha:** Sim! Ele era um "Alvorada Suave de Outubro" e agora é "Manhã Serena de Outono".
>
> **Carol:** Nossa, adoro isso! Estou com tanta inveja. Só posso usar os ébanos atenuados porque sou uma inverno.
>
> (Isso foi o que ela disse – eu não finjo entender.)

Minha filha mais nova não gasta palavras vangloriando-se do cabelo, embora faça mais experiências com ele, indo até o que acho que a Carol chamaria de um negro escuro com mechas de algo que parece ser uma Chernobyl Estridente.

– Você odeia a sua cabeça ou coisa do tipo? – eu pergunto. Ela se recusa a responder, pois sabe que estou certo.

A fim de administrar seu cabelo, a garota adolescente precisa de mais equipamento do que um técnico de aparelhos eletrônicos. Instrumentos na forma de um raio de roda são encontrados por todo o banheiro, soprando vapor sempre que o pai tenta colocá-los de lado.

Minha esposa não dá qualquer ajuda quando o assunto é cabelo – desde que esteja limpo, ela diz que ficou bonito.

– Lembra-se da época em que elas usavam tranças? Aquilo, *sim,* é que era bonito – digo a ela.

Pêlos do Corpo

A primeira indicação para um pai de que a adolescente começou a ter pêlos no corpo é na hora que ele vai se barbear e seu rosto fica em frangalhos por causa de uma lâmina que foi inteiramente deformada e distorcida por várias viagens, para cima e para baixo, nas pernas da filha. Com a aparência de quem prendeu a cabeça no limpador com jato de areia, ele questionará a garota, que reagirá como se fosse culpa dele não ter pensado em comprar um aparelho de barbear para ela.

Não vai levar muito tempo para a garota decidir que nenhuma lâmina de metal é adequada para remover todos os vestígios de pêlos e trará para casa um pouco de cera de depilação. Prepare-se, pois você nunca ouviu gritos assim. A cera de depilação funciona por meio do levantamento de toda uma camada de pele do corpo com um único movimento de arrancar. A primeira vez que sua filha tentar isso, você vai achar que alguém está sendo vítima do massacre da serra elétrica, e vai correr ao banheiro e bater na porta.

– O que está acontecendo? – você grita nervoso.

– Eu estou usando cera! – ela gemerá.

– O quê? Os pais devem colocar uma quantidade apropriada de perplexidade em suas vozes. – Se você quer usar cera em algum lugar, por que não vai encerar meu carro?

Isso fará com que você ganhe mais olhares duros de toda a família, embora só esteja tentando poupar sua filha da dor.

Mudanças ainda Piores

Talvez a mudança mais perturbadora no corpo de uma filha, durante os anos da adolescência, ocorra na área do tórax, onde, sem nenhum aviso, protuberâncias começam a brotar.

Há poucas coisas mais penosas para um pai do que quando isso aparece na filha. Para ser honesto, nós preferiríamos usar nosso mecanismo de negação paternal do que encarar a verdade sobre o que está acontecendo. Mas a maioria de nós gastou uma vida inteira treinando os olhos para movê-los em direção a objetos semelhantes quando apontados para nós por outras mulheres, e fica quase impossível ignorá-los em nossas filhas. E ainda pior, os garotos praticamente criam um buraco com os olhos nas camisetas de nossas filhas, e ficam incapazes de fazer qualquer outra coisa além de olhar de boca aberta. Os instintos protetores de pai nos levarão a tomar uma atitude quando isso acontece, fazendo tudo para agir como uma barreira física entre nossas filhas e esses garotos babões, correndo para ligar para o Convento Nossa Senhora do Pecado e perguntar se aceitam admissões de emergência.

O mais importante é não entrar em pânico, pois, se isso acontecer, você nunca *deixará* de ficar em pânico de novo – agora que chegaram, o desenvolvimento dos seios das filhas não vai embora.

E ainda Há os Aparelhos Dentários

Os dentes de uma garotinha são retos e do mesmo tamanho. Você acha que quando os dentes permanentes vierem, eles simplesmente preencherão os buracos deixados por esses perfeitos pequenos dentes de leite, mas isso seria fácil e barato, duas palavras incompatíveis para quem tem filha adolescente. Os mesmos hormônios que estão devastando o corpo com várias mudanças mandam sinais para os dentes e ordenam que eles se rebelem, que fiquem tão desorganizados e irados quanto um quarto de adolescente.

A solução é óbvia: um aparelho dentário, o metal mais caro do mundo, precisa ser inserido na boca para sufocar a rebelião.

Nosso ortodontista é um sujeito com cara de bem alimentado, que conduz todos nós a uma sala nos fundos para que ninguém possa ouvir minha reação a sua avaliação.

– Bem, sr. Cameron, o senhor está à vontade?
– Não.
– Está preparado para discutir o tratamento de sua filha?
– Não.
– Muito bem. Sua filha tem um sério problema de mordida. – Ele trata a mandíbula dela de maneira amorosa. – Ela tem uma cara separação dos dentes da frente e um desalinhamento oneroso da bicúspide. Há também algumas áreas de alto custo, nas quais os dentes estão ficando um pouco inclinados, o que chamamos de "síndrome da renda extra dentária". Primeiro, faremos uma depleção de bens nos dentes de baixo, seguido por uma drenagem de conta bancária nos dentes de cima um mês depois. Eu suponho que o senhor vai arranjar um segundo emprego, certo?

Eu grunho de dor com a minha carteiroctomia eminente.

– Bem, deixe-me mostrar-lhe algumas fotos. – Ele liga uma luz e desenrola uma grande fotografia. – Aqui está o veleiro que vou comprar com o tratamento ortodôntico de sua filha.

– Você tem aqueles aparelhos que parecem diamantes? – minha filha quer saber.

Ele ri.

– É claro, querida. Podemos usar até diamantes de verdade, se você quiser.

– Isso ia ser legal – todo mundo concorda.

– Podemos instalar um recurso que me permita calar a boca dessa menina quando eu quiser? eu pergunto.

Ele me dirige um olhar irritado.

– Sr. Cameron, não fazemos piadas quando se trata dos dentes de nossa filha. Eu já tenho problemas suficientes com a minha faixa de pagamento de imposto sem você estar querendo dar uma de espertinho.

— Desculpe-me.

O primeiro passo no processo é fazer um molde da minha boca para que seja possível colocar uma proteção de borracha nela, evitando que eu danifique meus dentes ao cerrá-los quando me passarem o orçamento. Eu encaro a cifra – aparentemente, o dentista está planejando recuperar os custos da escola de odontologia em um só paciente.

— Você não quer realmente aparelho, quer, querida? – suspiro de maneira rouca para minha filha.

— *Papai!* – ela responde.

Quando as faixas de metal são colocadas no lugar e cruzadas com as faixas de elástico, me sinto um pouco melhor. É difícil imaginar um garoto adolescente tentando beijar intencionalmente o que parece ser um dispositivo para triturar lábios. Talvez com todo esse metal inserido entre ela e seu *sex-appeal*, eu tenha alguns anos de relativa calma.

A primeira refeição depois de colocar o aparelho é um tanto dramática, minha filha chora e geme como se estivesse querendo ganhar o Oscar de melodrama.

— Eu só consigo comer gelatina! – ela choraminga. Quando respeitosamente preparamos gelatina e colocamos na sua frente, ela faz de conta que mastigar *isso* dói.

— Eu *não* vou para a escola com estas coisas na minha boca – ela jura, parada de pé no banheiro, olhando para a boca.

— Você parece o Exterminador do Futuro – meu filho afirma, tentando ajudar.

— Minha vida está *acabada*! – ela chora.

— Quando tirar o aparelho, você terá o sorriso mais bonito da escola! – minha esposa promete, se esquecendo de que nossas filhas fazem parte da Geração da Satisfação Instantânea. – Quando eu vou *tirar isto*? As adolescentes não pensam mais do que quarenta e oito horas no futuro, a não ser que tenha uma grande festa para acontecer.

— Talvez até isso ocorrer eu tenha conseguido um grande aumento salarial, para que a gente possa comprar comida! – declaro esperançoso.

Uma hora depois, um grupo de amigas de minha filha chega para inspecionar o aparelho. Como tenho dificuldade em diferenciá-las, chamo todas de Carol. Elas se comprimem ao redor de minha filha, fazendo perguntas: – Dói para mastigar? Dói para engolir? Dói para sorrir?

– Sim! – minha filha conta a elas. – Tudo isso dói.

Elas admiram o efeito das jóias azuis, especialmente em constraste com os elásticos verdes. Quando vão embora, minha filha não está mais tentando falar com os lábios sobre os dentes e vai para a escola, na manhã seguinte, sem problemas. Uma vez na vida, sou grato pela presença das Carols.

Conclusão

Mais rápido do que você consegue se preparar, a garotinha que você esteve criando está sumindo, da mesma forma que a luva de beisebol e o capacete de hóquei estão desaparecendo no armário, para nunca mais emergir. Isso é claramente um desenvolvimento apavorante, mas você vai encontrar um pouco de apoio político na sua família quando sugere remédios, tais como aplicar fita crepe, de maneira sensata, para alisar algumas áreas atingidas, removendo as saliências. "Isso criará uma aparência mais aerodinâmica", você vai argumentar, sem resultados. As garotas adolescentes não querem ser aerodinâmicas, elas querem é parar o trânsito.

Tudo o que você pode fazer nessa situação é ficar parado do outro lado da porta fechada e gritar conselhos razoáveis, que serão ignorados, ou estabelecer uma série de regras novas razoáveis para lidar com os desenvolvimentos recentes, que será ignorada. Você não tem direito a voto nessa situação. É uma conspiração de três mulheres – sua filha, sua esposa e a mãe natureza – para alterar de maneira radical as regras que você vem impondo (dentre elas, a mais importante é a de que nada acontece sem a permissão do pai). É quase como se você fosse irrelevante para o processo, o que é evidentemente ridículo. Como sua opinião sobre as mudanças físicas da filha pode não importar? Você é o pai!

Alimentando Sua Filha Adolescente

O Jantar da Família – Só Porque Outras Pessoas Fazem Isso Não Significa Que Você Tem de Fazer

Depois de sobreviver, por doze anos, com um pouco mais do que cereal com formato de animal no café da manhã, o metabolismo de uma adolescente começa a ter opinião própria, e então desperta com um rugido, fazendo o orçamento familiar para o alimento fugir do seu controle. Com a mesma freqüência que bate a porta do quarto, o armário da despensa é aberto, e a adolescente olha entusiasmada o conteúdo dele.

– O que está olhando? Falta só uma hora para o jantar – você diz.

– Estou com fome *agora* – ela afirma com veemência, puxando uma caixa de pudim instantâneo e olhando com cara feia as instruções de preparo. – Ei! Isto não é instantâneo. A gente tem que gostar de ferver água.

– Não dá para esperar pelo jantar? – você insiste.

– Não, *não dá* – o olhar que ela lhe dirige causa calafrios na espinha: de repente, ele faz você se lembrar de que, em certas espécies, é muito comum os idosos e doentes serem comidos pelos jovens. (Está bem, não posso realmente pensar em um animal que faça isso, mas ainda assim é um pensamento horripilante.)

Minhas filhas desenvolveram a habilidade de comer aquele segundo hambúrguer em que eu estava de olho e, ao mesmo tempo, reclamar que "nunca tem nada de bom para comer no jantar". Pais que mostram a ironia dessa situação receberão um olhar desdenhoso como resposta. Adolescentes não curtem ironia.

A não ser que você sirva apenas chocolate no jantar, adolescentes farão acusações amargas a cada refeição.

– Detesto comida italiana – elas resmungam. – Tudo que é italiano tem um gosto horrível. Eu gostaria que nunca tivessem descoberto a Itália.

– Você está louca – contesto com ar de professor. – Se vivesse na Itália, cresceria comendo comida italiana. O jantar não seria de comida italiana, seria simplesmente de "comida". Você iria sentar e dizer: "Detesto comida? Todas as comidas são terríveis?".

Mas essa lógica tão bem construída é ignorada.

– O que tem de sobremesa? – as adolescentes perguntam. – Tem pudim?

Pais que tentam argumentar que o alimento oferecido vem do dinheiro que o pai e a mãe ganham, e que, se os filhos continuarem a fazer expressões como se estivessem tentando não engasgar a cada bocado, talvez seja melhor eles pensarem em arrumar um emprego e comprar aquilo que gostam de comer, receberão um olhar de desprezo como resposta. Adolescentes não curtem economia.

Planejando o Menu da Semana

Eu sou um macho americano moderno, plenamente envolvido em preparar as refeições em minha casa, mesmo quando meus adoráveis filhos pedem que eu pare porque "não agüentam mais a fumaça". No momento em que aquele cheiro bom começa a sair da cozinha, onde a obra de minha esposa borbulha no fogão ou está no forno, me coloco à disposição para ajudar. Muitas vezes, pego uma concha e experimento o sal, fazendo uma crítica construtiva – minha esposa, quem sabe um pouco ciumenta do meu talento nessa área, aceita essas palavras gentis com pouca tolerância. Vou fazer com que as crianças se sentem à mesa, e, depois da refeição, enquanto eu estiver confortavelmente sentado em minha poltrona, reservarei um tempo longe da televisão para supervisionar a limpeza da cozinha.

Algumas atividades são muito agradáveis para mim, entre elas, a criação de menus para a semana. A excitação de pensar em todos os jantares que virão me deixa realmente alegre. Esta é uma área em que fico absolutamente feliz de cumprir toda a tarefa sozinho, trabalhando em um plano e apresentando-o à minha esposa, que muitas vezes diz que eu devia pensar na possibilidade de preparar as refeições. Eu aceito a piada com bom humor.

Infelizmente, quanto maiores se tornam os filhos, mais eles acham que deveriam ter uma opinião a respeito do que a família come, e eles começam a tentar se intrometer no planejamento das refeições. Isso faz um pai ter saudades dos dias em que uma criança podia ser amarrada a uma cadeira alta e forçada a comer cenouras cozidas, com os olhinhos observando uma colherzinha girando no ar enquanto o papai fazia barulhos de aviãozinho. Posso me lembrar com carinho do olhar de admiração da criança saboreando cenouras cozidas como se tivessem um gosto tão ruim quanto cenouras cozidas.

Quando minha esposa alimentava os bebês, ela sempre comia um pouco daquela pasta abominável, gesto que eu via como algo simplesmente doentio.

Portanto, agora é sábado e estou sentado à mesa, com um bloco de papel me preparando para anotar os jantares que eu gostaria de comer em cada um dos próximos dias. Porém, mal levanto a caneta e sou pego em uma emboscada.

– O que você está fazendo, pai? – meu filho quer saber.

Olho para ele com um ar de suspeita. Ele nunca quer saber o que estou fazendo.

– Planejando tarefas – respondo curto e grosso. – Fico feliz por você estar aqui. Precisamos colocar uma nova camada de asfalto na garagem.

– Essas são as refeições para a semana? – pergunta ele, aproximando-se para ler o que está escrito no alto da página: "Refeições para a Semana".

– Não.

Por uma incrível coincidência, minha duas filhas surgem e se colocam ao meu lado.

– Achamos que *nós* devemos planejar as refeições da semana – explica minha filha mais velha. Eles se sentam à mesa como se estivéssemos nos preparando para um jogo de cartas.

– Bem, vocês estão errados – aviso delicadamente.

– A mamãe disse que não vai cozinhar até que nós todos entremos em um acordo, porque está cansada de ver todo mundo reclamando.

O quê?

– Quem reclama? Não sei do que estão falando – disparo.

– Você sempre escolhe comida ruim, pai – diz meu filho.

Eu respiro fundo.

– Está bem. Então vamos fazer isso juntos. Para segunda-feira, eu estava pensando em lasanha.

– Blargh! – rugem eles, levando a mão ao estômago e rolando pelo chão como se estivessem com pedras nos rins. Eu os observo se contorcendo, com um olhar frio e sem achar graça nenhuma.

– Se temos de comer comida italiana, voto por SpaghettiOs[1] – meu filho declara.

– SpaghettiOs! Isso não é italiano. Isso nem é comida – retruco.

– Tá bom. Então, macarrão e queijo.

– Eu falei pizza – insiste minha filha mais velha.

– Pizza! – ecoa minha filha mais nova.

Relutante, anoto no papel, e as crianças dividem sorrisos de gozação.

– Terça – arrisco cautelosamente.

– Eu sou vegetariana – minha filha mais nova me informa de maneira brusca, fato que, na minha opinião, é irrelevante.

– Desde quando? – sua irmã quer saber, franzindo o nariz com desdém. Para ela, a falta de desafio no ato de colher frutos das árvores é a única razão para permanecer carnívora. Se não morássemos no subúrbio, ela provavelmente passaria seus dias caçando e matando seu próprio bisão, tipo de bovídeo. – Você come carne o tempo todo.

– Isso não é verdade. Não acho que os animais deveriam ser sacrificados para nossa conveniência – minha filha mais nova diz, bufando de raiva.

– Oh, como se eles fizessem um grande *sacrifício*, diz minha filha mais velha, em tom de zombaria.

– Você me dá nojo.

– Se você é tão contra matar animais, o que está *usando?* – grita minha filha mais velha de forma triunfante.

Minha filha mais nova segura a blusa, franzindo a testa.

– Algodão?

Há um silêncio enquanto minha filha mais velha avalia essa informação.

---

1 N.T.: Tipo de espaguete em um molho de tomate levemente doce, vendido em lata, nos Estados Unidos. Apesar do aspecto estranho, é bem aceito pelas crianças.

– SpaghettiOs é vegetariano – meu filho sugere, cheio de esperança. – Podemos comer isso na terça?

– Não quero comer comida italiana dois dias seguidos – opõe-se minha filha mais velha.

– SpaghettiOs não é italiano! – eu grito. – Nem acho que pizza é comida italiana!

– E o que é então? Russa? – diz minha filha mais nova, com ironia.

– Que tal lagosta? – diz meu filho, cedendo.

– Legal! Lagosta! – concorda minha filha mais velha, entusiasmada.

– Eu topo lagosta – diz minha filha mais nova.

– A lagosta é, no final das contas, um dos vegetais mais saudáveis – observo.

– Lagosta na terça – minha filha mais velha escreve.

– Espere aí! Não temos dinheiro para comprar lagosta. Você sabe *quanto custa uma*?

– A gente não compra cerveja esta semana e economiza – contrapõe minha filha mais velha.

– Agora você está falando um absurdo – digo a ela. – Nada de lagosta. E ponto final.

Com um forte suspiro e revirando os olhos, ela faz uma marca na linha referente à terça-feira.

– Que tal estrogonofe? – sugiro.

Eles reagem como se tivessem levado um soco no estômago.

– Podem levantar do chão – ordeno quase rosnando.

– Não dá para encarar, pai – meu filho diz.

– É tão ruim quanto lasanha – informa minha filha mais nova.

– Lembra quando pegamos aquele caldeirão com uma coisa fervendo e colocamos a carne em uns espetos?

– Fondue? – pergunto.

– Sim! – eles caem no chão.

– Ou aquela torta de frango! – meu filho dispara, deitado de barriga para cima.

– Tomate cozido!

– Ensopado!

– Escutem, detesto interromper esse excitante jogo das Comidas que Detestamos, mas será que dá para voltarmos ao nosso planejamento da semana? Ainda estamos na terça-feira e essa conversa está me deixando com fome.

Eles se acomodam novamente em nas cadeiras. E meu filho exibe sua carta guardada na manga:

– Eu voto por comer um lanche do McDonald's na terça.

– Boa idéia! – concorda minha filha mais velha.

– Isso não é vegetariano – eu aviso.

Minha filha mais nova franze as sobrancelhas e diz:

– Bom, para mim tudo bem.

– *O quê?*

– McDonald's na terça – diz minha filha mais velha, anotando no papel.

– De jeito nenhum – eu digo.

– É mais barato que lagosta, pai – meu filho avisa, como se estivesse ajudando.

– Ou lagosta ou McDonald's – concorda minha filha mais velha.

– Tudo bem, mas isso é *fast food* – digo a eles.

– Tudo bem – meu filho diz.

– Tudo bem – minha filha mais velha diz.

– Agora, a quarta-feira – eu começo, perguntando-me como fazer para voltarmos ao assunto da torta de frango.

– Pizza – minha filha mais nova interrompe.

– Pizza – sua irmã concorda.

– Pizza – diz meu filho, com um aceno de cabeça.

Eles anotam.

– Eu disse que chega de *fast food!* – argumento.

– Você acha que pizza é comida rápida? – desafia minha filha mais velha. – Leva cerca de meia hora.

– Mas estou comendo isso na segunda! – eu grito.

– Na quinta – diz minha filha mais velha, me ignorando. – O que vamos comer na quinta?

– Cachorro-quente – meu filho declara.

– De jeito nenhum – diz minha filha mais nova, torcendo o nariz. – Você sabe o que eles colocam nos cachorros-quentes?

– Para ser sincero, gosto de cachorro-quente – confesso.

Isso parece resolver a questão.

– Está bem, nada de cachorro-quente. Que mais? – pergunta minha filha mais velha.

– Comida chinesa pronta? – meu filho quer saber.

– Rolinhos vegetarianos de ovo – concorda minha filha mais nova.
– Tofu.

– *Tofu?* – disparo.

– Vamos ter comida chinesa na quinta – decide minha filha mais velha, anotando no papel.

– Será que, por acaso, vocês sabem que temos uma cozinha em casa? – pergunto.

– Sexta-feira é dia de pizza – decreta minha filha mais velha.

– Pizza.

– Pizza.

Eu afundo a cabeça nas minhas mãos.

– Sábado, é claro, tenho um encontro – diz minha filha mais velha. – Portanto, fiquem à vontade.

– Vou passar a noite na casa da Greta – completa minha filha mais nova.

– E eu, na casa do Jon – diz meu filho, completando a sinfonia.

Eles olham para mim com expectativa.

– Lasanha – afirmo poderosamente. Eles concordam de maneira apaziguadora.

– Como quiser, pai. Só não deixe restos pela casa – adverte minha filha mais velha.

– Como se alguma vez ele fizesse isso – diz minha filha mais nova em tom irônico.

– O que significa isso? – pergunto. – Parem de rir.

– Então, só falta o domingo – diz minha filha mais velha.

– Que tal pizza? – sugere meu filho, de forma brilhante, como se ninguém jamais tivesse pronunciado essa palavra antes.

Meus filhos acham a idéia muito boa e a anotam.

O Jantar da Família

A partir da primeira vez que uma criança senta-se à mesa, toda a natureza da refeição noturna se modifica. Não há mais aqueles jantares românticos, à luz de velas, que você e sua esposa sempre tiveram. O foco de atenção se volta exclusivamente para o pequeno ditador na cadeirinha alta, que decide por toda a família como será a noite. Em vez de conversar, você só faz observações: "Olha, agora ele vai comer o purê de batatas". Preste atenção em um casal que está em um restaurante com uma criança – a única forma de saber que eles são uma família é notar que estão todos *usando* a mesma comida.

Os adolescentes dominam a hora do jantar da mesma maneira, embora seja verdade que os pais correm menos riscos de serem atingidos por ervilhas amassadas.

Dez minutos depois que a refeição é servida, a porta da frente é aberta com um estrondo, como se uma equipe da SWAT tivesse chegado. A adolescente entrará com tudo, perguntando como é possível estarmos jantando tão cedo e por que começamos a comer sem ela, o que na realidade é uma grosseria.

Essa é a maneira como ela se desculpa por estar atrasada.

Depois da costumeira condenação da comida, seja ela qual for, a adolescente vai perguntar se pode ligar a televisão para assistir ao seu show favorito. Nesse exemplo, "favorito" é um adjetivo flutuante, usado de maneira supérflua toda vez que uma adolescente sente que isso fortalece seu posicionamento retórico – como por exemplo em "Você arruinou minha blusa favorita!", frase que ela dispara na área de serviço, ou "Alguém comeu o último sonho, que são os meus favoritos!", coisa que ela grita na cozinha.

Ela liga no seu programa favorito da televisão, que aparentemente é sobre rapazes e garotas da sua idade que não conseguem manter os lábios distantes uns dos outros. Todos têm a mesma aparência, o que significa dizer jovem e impecável, e eu tenho dificuldades em acompanhar a trama, se é que existe uma. Aparentemente, um rapaz, cujo nome acho que é Tédio, está namorando uma garota chamada Fantasia, mas Tédio também está trocando olhares abrasadores com a mãe da garota, que parece ter a mesma idade de todo mundo do programa.

Como uma subtrama, o irmão de Tédio, chamado Ardente, sofre de uma doença fatal que não tem um único sintoma físico, apesar de apresentar um ar meio fúnebre.

Na hora do comercial, pego o controle remoto e exercito minha total e completa autoridade paterna, desligando o aparelho. Enquanto surge o pequeno ponto branco no centro da tela, as crianças bradam seus protestos:

– Por que não podemos ver tevê? – perguntam.

– Nada de televisão enquanto não fizerem a lição de casa – eu imponho.

– Minha lição de casa está feita – responde minha filha mais velha.

– A minha também – diz meu filho.

– A minha também – afirma minha filha mais nova.

– Não interessa – digo de forma sensata. As crianças trocam olhares do tipo "meu pai tá pirando de novo", mas momentaneamente consegui que se calassem.

– Está passando um filme antigo que eu não me importaria de assistir – lembra minha esposa.

Nós todos olhamos para ela com horror. Minha esposa gosta de assistir a filmes que foram feitos antes que alguém inventasse o enredo.

– A Doris Day é tudo o que eu não queria ser na vida – declara minha filha mais velha.

– Então você seria Doris *Night*? – meu filho diz, como quem descobriu a América, morrendo de rir com sua fantástica esperteza ao fazer o jogo com as palavras "dia" e "noite".

– Ai, pai, você é muito hipócrita – diz vigorosamente minha filha mais nova. Eu fico surpreso.

– Sim, você é muito *hipocrático* – acrescenta minha filha mais velha.

Devo confessar que não esperava essa acusação adicional.

– Você sabe que, se estivesse rolando um jogo na tevê, a gente estaria assistindo – minha filha mais nova provoca.

– Pensei que a conversa fosse sobre quanto não gostamos da Doris Day – respondo, desconcertado.

Papai, se algum dia a gente for jogar taco, posso ser o primeiro a rebater? – meu filho quer saber.

– Você fica zangado quando o papai vê programas de esporte na televisão, querida? – minha esposa pergunta em um tom gentil de psicóloga. Eu dou uma olhada feia, tentando encerrar esse ridículo desvio do tema principal com comandos faciais, mas minha esposa não está prestando atenção.

– Deixa pra lá – diz minha filha mais nova, olhando para o prato, com uma voz tão baixa que se torna quase inaudível.

– Por que não falamos a respeito disso? – minha esposa sugere gentilmente.

Mas minha filha mais nova mal olha para a comida e balança a cabeça. É isso que dá ter adolescentes à mesa.

Eu percebo que nenhuma das crianças está comendo o frango e declaro que vamos ficar sentados à mesa de jantar até que cada um tenha comido pelo menos alguns pedaços simbólicos. Meu cachorro vê nisso um sinal para ficar dando voltas em torno da mesa.

– Ei, nada de dar comida para o cachorro! – eu digo.

– Não estamos fazendo isso – eles protestam mais alto do que o som do animal mastigando. A quantidade de frango na mesa começa a diminuir rapidamente, sem que eu realmente consiga ver as crianças oferecendo-o ao cachorro. Eu vejo como meu filho, devido a minha insistência, leva o garfo à boca com um pedaço, que deve ser menor do que uma molécula do jantar, mastigando com entusiasmo por um minuto.

– Uau! Estou satisfeito – ele diz depois de engolir com exagero.

– Eu também – suas irmãs proclamam.

Como cervos amedrontados, eles fogem de repente da mesa, mas já conheço esse truque e fico ligado.

– Esperem aí! Alguém precisa lavar os pratos!

– Eu não posso! Tenho de fazer minha lição de casa – minha filha mais velha protesta.

– Eu também – diz meu filho.

– Eu também – afirma minha outra filha.

– Quero que você lave a louça – digo à minha filha mais velha.

– Por que tenho de fazer isso? – ela choraminga. – Não é justo!

– Os outros dois limpam a mesa e jogam o leite fora – eu ordeno.
– E você, o que vai fazer? Simplesmente ficar sentado? – minha filha mais nova quer saber.
– Eu fico supervisionando. É a parte do Juramento de Hipócrates. Vamos lá! – eu digo.

Quando minha filha mais velha percebeu que tinha recebido injustamente a tarefa de fazer o mínimo possível para ajudar a família, respondeu demonstrando sua incapacidade física de desempenhar o dever, sem causar muito daquilo que no jargão militar se chama "danos colaterais". Panelas são batidas umas nas outras, como se ela estivesse tentando prevenir a vizinhança de que os ingleses estavam chegando. Pratos são jogados e a prata, de alguma forma, fica presa na lata de lixo. Sobras perfeitamente aproveitáveis são jogadas fora ou dadas ao cachorro.

–Não vou limpar o fogão – ela declara. – Não vou enxugar o balcão. Não vou limpar a pia. Isso não é tarefa minha.
– Isso não é tarefa minha – diz meu filho.
– Isso não é tarefa minha – diz minha outra filha.

Eu, amorosamente, explico à minha filha mais velha que arrumar a cozinha significa arrumar toda a cozinha – não existem áreas de exceção. Ela liga a uma amiga para contar como está sendo humilhada, e à medida que caminha pela cozinha o fio do telefone vai varrendo coisas do balcão para o chão.

– Não vou ficar catando essas coisas do chão – ela anuncia. – Isso não é tarefa minha.

O Regime da Adolescente – um Dia de Tormento para Toda a Família

A dieta de uma adolescente para perder peso consiste principalmente em histeria. Ela começa a declaração com gritos agudos, dizendo que está muito gorda, e espera que a família toda fique em volta dela cacarejando para tranqüilizá-la, assegurando que isso não é verdade. Nesse ponto, o pai da família pode se abster de receber olhares mordazes por oferecer seu comentário de que a filha está, de fato, meio rechonchudinha.

– Como pode falar isso? – sua filha lhe dirá aos prantos.

– Só estou concordando com você – o pai vai dizer na defensiva.

A filha bate a porta do quarto e fica chorando. Sua esposa olha friamente para você, e então sacode a cabeça em sinal de desgosto.

– Está indo bem, pai – sua filha mais nova cumprimenta, com ar de gozação.

– O quê? O que eu falei? – você protesta. Mas não há direito a apelação nessa corte: você já foi sumariamente considerado culpado. E sua sorte é que não há um esquadrão de fuzilamento no quintal.

– Vou fazer regime – a filha anuncia mais tarde. – O que tem para jantar?

– Estrogonofe de carne! – você responde exultante.

Ela balança a cabeça.

– Muito calórico. Engorda! – admite.

– Que tal uma salada? – minha esposa sugere solícita.

– Com tempero de baixa caloria? – minha filha retruca.

– É claro.

Você ficará chocado ao saber, mais tarde, que *todo mundo* na família está fazendo regime. Sua esposa colocará um prato de alface na sua frente como se estivesse lhe servindo comida de verdade.

– Ei! O que é isso? – você protesta. – Não estou tentando perder peso. *Ela* é que precisa perder peso, não eu.

Mais lágrimas. Todo mundo olha furiosamente para você.

– Talvez tenha de dar uma olhada no espelho, pai – sua filha mais nova murmura sob sua respiração.

– O que disse? – você pergunta.

– Você disse que suas calças estavam um pouco apertadas – sua esposa concorda.

– Porque elas encolheram!

– Eram calças novas – sua esposa responde.

– Vamos nos concentrar no que interessa, que é o fato de não podermos comer apenas salada no jantar – você a avisa de maneira severa.

– Por que acha que toda refeição tem de ter um bovino morto? – a filha mais nova desafia.

Essa é uma conversa totalmente inadequada para sua família. Você suspira, reunindo toda a sua paciência.

– Escutem. Não podemos comer só alface. Vamos ficar com fome.

– Oh! Não acho que você deva se preocupar com isso por algum tempo – a adolescente mais jovem diz.

– Quando as pessoas ficam mais velhas, seu metabolismo se torna mais lento, e não é preciso comer tanta comida – sua esposa lhe diz gentilmente.

– Você faz uma análise dessa afirmação, cuidadosamente, buscando sua relevância. – Não iria lhe fazer mal perder alguns quilinhos – ela acrescenta.

De repente, você consegue enxergar a traição da esposa: ela está falando *de você*! De alguma forma, a conversa pulou da sua filha rechonchudinha para o seu físico! Trata-se de uma emboscada!

– Quem sabe também fosse bom você fazer alguns exercícios – continua sua esposa, como se você não estivesse consciente do punhal em suas costas. – E dê uma parada com a cerveja.

"Dê uma parada com a cerveja!" Veja só: como essas conversas podem se tornar absurdas em um espaço de tempo tão curto?

– Você precisa se alimentar mais com frutas e vegetais – a filha mais nova avisa. – Essa carne toda que come não é bom para você. Faz mal para o coração.

Essa é a garota que pretende viajar de mochila nas costas, neste verão, com um cara chamado Thug (ou alguma coisa do tipo), e ela diz que está *preocupada com o seu coração?*

– Não acredito que saiba do que está falando, filha – você responde. – Escute, vamos conversar sobre isso de uma forma racional. O que as vacas comem?

As expressões de espanto no rosto de cada um mostram que você está com a vantagem. Mas é preciso fazer um esforço para não demonstrar a satisfação.

– Grama? – seu filho adivinha.

Exatamente! E milho! Que são... – você diz.

Todo mundo está olhando para você.

– Que são... – você insiste.

– Crocantes? – seu filho sugere.

– Animais... minerais... – você dá as dicas.

– Vegetais – sua esposa completa, com um tom morno que sugere que ela sabe onde você quer chegar com isso.

– Exatamente! – você exclama. – Portanto, quando a gente come carne, está simplesmente fornecendo vegetais para o seu sistema em um formato mais eficiente!

Aparentemente, ninguém consegue negar isso. Maravilhados, eles ficam olhando para você boquiabertos.

– A cerveja é uma bebida feita totalmente de grãos, lúpulo e, digamos, espuma – você continua, lutando contra um soluço na garganta. Essa não é uma boa hora para se emocionar, mas esse assunto sempre o faz derramar lágrimas. – São todos ingredientes naturais, a forma mais pura da natureza. Como disse Benjamin Franklin, a cerveja é a prova que Deus nos ama e quer que sejamos felizes[2] – você brilha na mesa. – A cerveja tem muito pouca diferença em relação à sopa de legumes, exceto por esta última ter aquelas letrinhas boiando.

– Pelo amor de Deus – a esposa murmura. Totalmente vencida pelo brilho de suas afirmações, ela pouco tem a dizer.

– E alguma vez já esteve no Kansas? – você desafia a filha mais jovem. Ela esteve, mas você está sendo tão hábil nesse debate que ela tem medo de admitir isso. – Quem você acha que vive no Kansas?

Sem resposta.

– Vacas – você diz a ela. – Quilômetros e quilômetros de vacas. Elas estão dominando o planeta! Se não fizermos algo rápido, cada casa da América será invadida pelo gado.

– Beleza! – o filho deixa escapar.

– Essa é a coisa mais estúpida que já ouvi na vida – a filha mais nova declara. Esse é sempre o último recurso dela, uma retirada de terra arrebatadora que você aprendeu a ignorar.

Você bate palmas.

– Teremos bife e cerveja no jantar. Eu estou fazendo uma dieta vegetariana!

---

2 N.A.: Ben Franklin, Grande Americano, W. Bruce Cameron. Trabalho de história, Nota C.

Conclusão

Apesar de toda a energia que um pai coloca na tarefa de alimentar a filha, a maioria das calorias é consumida fora de casa, junto com outros vorazes adolescentes. Mesmo no meio do delírio para perder peso, quando cada bocado que o pai ingere é estragado pela análise do seu conteúdo de gordura enquanto ele está mastigando, a filha vai pensar em nada mais do que devorar um donuts de brigadeiro no Dunking Donuts. "Isso rola quando estou com *meus amigos*", ela vai explicar quando lhe apontar o visível conflito.

Eu não tenho idéia do que acontece com a comida que é consumida pelos adolescentes. Certamente, não está sendo convertida em energia – quando terminam de comer, tudo o que os adolescentes querem fazer é se deitar feito leões depois de um banquete. Se tentar mencionar que é, no mínimo, justo que você exija algum trabalho das filhas – afinal, você gastou um bom dinheiro para comprar a comida que comem –, elas vão fingir que não vêem a relação de uma coisa com a outra. No ponto de vista delas, você *tem* de alimentá-las, isso está fora de questão. É sua tarefa: você é o pai.

A Adolescente High-Tech

Eu Vi o Futuro e Somente Nossas Filhas Entendem como Funciona

As coisas eram muito mais difíceis na época em que fui adolescente, algo que eu acho já ter mencionado antes, mas acredito que minhas filhas concordariam que vale a pena repetir. Por exemplo, naquele tempo, quando queríamos mudar o canal da televisão, tínhamos de *levantar da cadeira* para fazer isso – ninguém possuía controle remoto. Os primeiros controles remotos que chegaram ao mercado eram uns tijolos com apenas alguns botões, e funcionavam tão mal que era mais fácil desligar a tevê jogando o controle nela.

Agora, com os avanços tecnológicos, é possível transformar minha poltrona de pai em um centro de comando virtual – com o "imagem dentro da imagem", por exemplo, posso sentar-me em um dia de jogo e assistir a dois comerciais de cerveja ao mesmo tempo. Com os novos aparelhos sem fio, utilizo o telefone como um walkie-talkie, informando minha esposa, de forma alegre, sobre os gols e outras ocorrências importantes do jogo. (Estranhamente, ela não parece apreciar muito esse privilégio.)

Quando se trata de criar minhas filhas, no entanto, não consigo pensar em uma única situação em que a tecnologia tenha tornado minha vida mais fácil. Pelo contrário, durante muitas passagens, todos os novos dispositivos introduziram oportunidades completamente novas e inesperadas de estresse.

"Todo Mundo Tem um Celular"

Minha filha mais velha, atuando no papel de chefe do Departamento de Compras, submeteu a requisição ao controlador (que sou eu, e, sim, adoro esse cargo pelo poder que ele implica) para a compra de um telefone celular. Entregue oralmente, o pedido foi algo mais ou menos assim:

Compras: Não acredito que não temos um celular. Fui a uma festa e eu era, tipo, a única pessoa lá que não estava falando em um.

Controlador: Espere um minuto, quer dizer que você foi a uma festa onde todo mundo estava sentado falando ao celular?

Compras: Menos *eu*.

Controlador: Com quem as pessoas falavam?

Compras: Com certeza, não era comigo... dãã!

Controlador: Certo, sei o que você quer dizer. Estou apenas tentando entender qual é a finalidade de uma festa onde todo mundo vai para ficar falando ao celular.

Compras: As pessoas conversavam com amigos e amigas.

Controlador: Que estavam na festa, certo?

Compras: Você é a pessoa mais ruim do mundo.

Controlador: Não compraremos um telefone celular. Se quiser conversar com suas amigas, peça para elas desligarem o telefone.

Mas, então, minha esposa (a executiva responsável pelo setor econômico da casa) decide se envolver.

– Talvez nós devêssemos comprar um celular para as meninas – ela sugere alguns dias depois da decisão, final e absoluta, que eu já tinha tomado.

– O quê? Você é uma agente secreta da companhia telefônica ou algo assim? O único momento em que vejo nossas adolescentes sem o telefone na mão é quando estão no carro. E você quer mudar isso?

– Mas e se algo ruim acontecer? Você não ia querer que elas ligassem?

– Se estamos preocupados com isso, então não devemos deixá-las sair de casa – argumentei de maneira razoável.

– Querido, só estou dizendo que é melhor comprarmos um celular para quando elas precisarem entrar em contato conosco. Como naquela noite, que nossa filha não pôde nos dizer que tinha ido patinar em vez de ir ao cinema, porque os ingressos do filme estavam esgotados.

– Duas palavras: telefone público.

– Eles têm um pacote especial que inclui um telefone gratuito e cem minutos de graça por mês – ela observou de maneira sedutora.

– Eu sou contra.

– Eu acho que deveríamos.

Hora de bater o pé.

– Absolutamente não.[1]

– Vou comprar um na segunda-feira.[2]

– Certo.

Bem, detesto constranger minha esposa nestas páginas, então vou ser gentil e dizer que essa foi outra situação na qual ela estava total e terrivelmente errada. Esse celular, um aparelho que supostamente reduziria a ansiedade, permitindo a nossas crianças entrarem em contato conosco caso ocorresse qualquer problema, apenas aumentou minhas preocupações.

– Onde ela pode estar? – Eu fiquei inquieto alguns dias depois da chegada do telefone celular. Minha filha mais velha o levou com ela quando saiu, mas não utilizou sua função para me manter informado ao longo da noite.

– Essa reunião da equipe de garotas que lutam boxe já deveria ter terminado.

– Pelo amor de Deus, não é uma reunião da equipe de garotas que lutam *boxe*. É uma campanha para levantar fundos. Elas vão vender cuecas com a imagem do mascote da escola, um *boxer*. Elas estão se reunindo, hoje à noite, para discutir o design final – minha esposa me repreendeu.

– O quê? Isso é totalmente indecente. Eu não quero minha filha discutindo roupa íntima masculina.

– Eu encomendei uma dúzia para você – ela respondeu.

– Uma dúzia! Por que eu iria querer uma dúzia de cuecas com um boxer estampado nelas?

– E qual é o problema?

---

[1] N.A.: Quando se trata de assuntos financeiros, o que digo é lei.
[2] N.A.: Mentirinha...

– Tudo o que sei é que minha filha está fora de casa tarde da noite.

– São só 19h30.

– Bem, está escuro lá fora.

– Estou certa de que ela vai voltar logo.

– Vou ligar para ela.

– Pensei que você tinha dito que o celular era apenas para emergências?

– Isto *é* uma emergência: eu não sei onde ela está!

Disquei o número com impaciência. Depois de alguns toques, minha filha atendeu.

– Onde você está? É quase meia-noite! – reclamei.

– Pai, não posso falar agora. A Carol ficou de me ligar daqui a pouco.

– O quê? O celular é só para emergências.

– Isso *é* uma emergência – ela gritou, desligando.

Quando liguei de volta para dizer-lhe que não usasse o telefone, fui saudado por sua voz: *"Alô, você caiu na minha caixa postal. Se está ouvindo isto, este telefone estúpido, que meu pai comprou, ficou sem bateria de novo. Deixe sua mensagem e ligarei de volta assim que recarregá-lo".* (Eu nem sabia que tínhamos caixa postal!)

A solução da minha filha mais nova para o problema é apenas desligar o celular sempre que não quer falar comigo, o que significa o tempo todo.

– Tentei falar com você – eu a cumprimentei quando entrou pela porta uma noite. – O celular estava desligado. Ei! Volte aqui, quero falar com você.

Suspirando, ela parou e virou-se.

– Por que desligou o telefone?

– Você disse que era só para emergências. Eu não tinha uma emergência – ela explicou, com uma voz paciente insuportável.

– Sim, mas eu precisava falar com você – observei.

– Também não achei que *isso* era uma emergência.

– Na próxima vez que levar o celular, deve deixá-lo ligado.

– Certo, não vou levá-lo.

– Você tem de levá-lo.

– Eu pensei que você fosse o primeiro a ser contra a compra do celular, certo?

– Por favor, preste atenção à questão central: você não pode desligar o celular quando estou tentando encontrá-la.

– Tudo bem.

– Eu falo sério.

– Eu disse tudo bem.

– Não vou discutir por causa disso.

– Bom.

A próxima vez que ela saiu, levou o celular... e deixou desligado.

Quando a primeira conta chegou, fiquei nervoso ao ver que era muito mais do que eu esperava. Somando as ligações, percebi que era mais barato lançar nosso próprio satélite de comunicações.

Liguei para minha filha mais velha no celular.

– Pai, não posso falar agora. Preciso fazer uma ligação.

Expliquei-lhe que ela havia transformado o telefone em um dispositivo para converter nossa renda em sinais digitais e pedi para que desistisse imediatamente.

– Eu pensei que tínhamos cem minutos gratuitos! – ela protestou.

– Sim, mas não por *dia* – informei. – Você precisa parar de ligar para suas amigas. Ele é apenas para se comunicar com seu pai.

– Espera aí! Alguém está ligando.

– O quê? – eu perguntei para o nada. Depois de um minuto inteiro, ela voltou.

– Certo, me desculpe. Olha, tenho que ir.

– Eu não sabia que você podia me colocar na espera e receber outra ligação, mas acho que isso explica como conseguiu ter mais de uma hora de conversação em menos de 60 minutos – eu disse a ela, apertando os olhos para ler a conta de telefone.

– Que seja. Tchau, pai.

– Espere!

Felizmente, ganhei um aliado inesperado na minha batalha contra o tempo de conversação – o colégio das meninas, que me mandou um bilhete avisando que minha filha mais velha não deveria levar o celular para a escola. "Mais de uma vez, sua filha interrompeu a aula por causa de uma chamada telefônica, e ela não parece entender que isso é um problema para os outros estudantes", o diretor escreveu.

Mostrei o bilhete para minha filha mais velha, que ficou indignada.

– Como se eu fosse culpada de o telefone tocar – ela se enfureceu.

Mas ela começou a deixar o telefone em casa no aparelho de recarga, saindo com ele só à noite, o que levou a companhia telefônica a enviar um representante em casa para assegurar-se de que estávamos bem. Expliquei o novo procedimento para ele, que não ficou feliz.

– Isso fará os nossos lucros do segundo trimestre sofrer um sério impacto – ele ralhou.

"PC" Quer Dizer "Pai Confuso"

– Preciso de um computador laptop – a filha mais velha disse, uma noite no jantar.

– Eu também preciso de um – concordou a filha mais nova.

– Posso ter uma prancha de snowboard? – meu filho quis saber.

– Ninguém precisa de um laptop. Nós temos um computador perfeitamente bom no escritório.

– Bem, tenho que fazer a lição de casa hoje – a filha mais velha afirmou.

– Não, preciso do computador – a filha mais nova se opôs.

Então, elas me fitaram como se eu fosse ser enganado pela disputa orquestrada.

– Quando eu era um adolescente... – disse a elas.

– Esquece! – elas gritaram.

Nessa noite, fui ver como minha filha mais velha estava fazendo a lição de casa. Ela dominou a técnica de baixar pesquisa da Internet e depois cortar e colar os resultados no relatório. Uma pequena manipulação das fontes, uma borda bonita e alguma arte importada, e ela pode produzir uma tese de alcance mundial sobre um assunto sem aprender nada sobre ele.

Espiei por cima do ombro dela. Uma pequena janela no computador estava aberta, e uma fonte constante de bate-papo escorrendo por ela.

P: QUEM TEM O MELHOR TRASEIRO, MEL GIBSON OU JEAN-CLAUDE VAN DAMME?
R: QUE TAL O MATTHEW MCCONAUGHEY?
R: BRAD PITT COM CERTEZA.

– Isso é para a aula de anatomia? – perguntei.

– Pai, isso é particular! – ela reclamou. – Estou fazendo a lição de casa.

– Isso não é particular, é uma sala de bate-papo pública – informei maliciosamente.

– Agora você vê por que preciso de um laptop? Não posso ter paz com as pessoas vindo aqui ler minhas mensagens particulares!

Uma nova janela abriu: *EI, GRACINHA! QUER FICAR NUA COMIGO??!?* – foi o cumprimento.

– Quem é esse? – exigi que ela dissesse.

– Como vou saber? Um cara que conheci na Net – ela falou asperamente.

– Você está fazendo *nudez* on-line?

– Você vai, por favor, me deixar voltar para a minha lição de casa?

R: MEL GIBSON É BONITO, MAS É MUITO VELHO – fui informado, para meu espanto.

– O que você quer dizer com muito velho? Ele é da minha idade! – protestei.

– Nos seus sonhos, pai – minha filha murmurou, digitando furiosamente. *SOSSEGA QUE EU TENHO UM GHA AQUI* – ela escreveu.

– O que quer dizer GHA? – perguntei.

– Grande homem albino – ela respondeu de maneira polida.

COMO É QUE ESTÁ INDO SUA LIÇÃO DE CASA? – a mensagem rolou em uma resposta vazia.

PRECISO DE AJUDA EM MATEMÁTICA – outra pessoa concordou.

– Você deve achar que sou um GHAIQNENL – eu disse para minha filha.

Ela mexeu os lábios por um segundo, então, olhou para mim com curiosidade.

– O que é isso?

– Grande homem albino idiota que não entende nossa língua – eu respondi, saindo da sala. Algumas vezes, é melhor simplesmente não saber o que suas filhas estão fazendo.

E Agora o Fax

Saí e comprei um aparelho de fax, acreditando que como escritor eu precisaria disso para contratos com seis dígitos, notificações do prêmio Pulitzer e coisas do tipo. Eu o liguei e ele ficou ali quieto no canto.

– Qual é o número do fax? – a filha mais velha queria saber.

– Por quê? – eu disse, suspeitando de algo.

– Para o caso de eu precisar, tipo, alguma coisa da escola ou algo assim – ela respondeu. Dei o número a ela e, dentro de dez minutos, recebi meu primeiro fax. Era da Carol.

> Um funeral foi realizado, hoje, para o piloto da companhia aérea local Harold McDuff, que morreu tranqüilamente em seu sono na terça-feira. O restante dos passageiros não teve tanta sorte.

– Sem mais piadas – eu disse com severidade. – A máquina de fax é apenas para ser usada em negócios oficiais.

Isso levou a um esquema louco na hora de fazer a tarefa de história. Cada um do grupo de minha filha mais velha iria ler uma página do livro de história, sublinhar as partes importantes e tirá-la do livro para mandar por fax para os outros – dessa forma, ninguém teria que ler mais do que o absolutamente necessário.

– Espere um minuto, você vai arrancar as páginas dos livros? Isso é vandalismo! – gritei.

– Não se preocupe, no final do ano, você pode apenas dizer que perdeu o livro e isso sai do seu "depósito de livro" – minha filha garantiu. – Você não vai ter problemas ou coisa do tipo.

– Mas você não tem que devolver o livro para receber o valor do depósito de volta?

— Ah, pai! Só idiotas devolvem os *livros escolares* — ela zombou.

— Nada de enviar textos de livros por fax. Nada de arrancar páginas! — me enfureci.

— Eu não sei por que você comprou esse fax se não sabe como usar a tecnologia — ela suspirou.

O Assistente Pessoal Digital

Minha filha mais nova, na maioria das vezes, evita todas as engenhocas tecnológicas que invadiram nossas vidas.

— A tecnologia está degradando o valor da vida humana — ela repreendeu, uma noite no jantar.

— Obrigado, srta. Unabomber[3] — respondi, o que me fez ganhar um olhar de aviso da minha esposa.

Mas ela tem um PDA, um dispositivo de mão que é mais ou menos do tamanho de uma calculadora, no qual registra os compromissos e anotações da aula com uma pequena caneta. Eu a olho se debruçar por várias horas, de uma só vez, cliclando silenciosamente.

— No que você está trabalhando? — pergunto.

Ela me olha, concentrando-se em mim de cara fechada.

— Nada.

— Nada. Por duas horas sem parar, ficou rabiscando nada. Você não precisa de um PDA para isso, é só desenhar no ar.

Um dar de ombros. E então, incrivelmente, um sorriso hesitante.

— Eu escrevi um poema.

— Verdade?

— Quer ler?

Não estou certo de ter ouvido direito.

— Verdade?

---

3 N.A.: Unambomber, cujo nome real é Theodore Kaczynski, foi um ex-professor de matemática da Universidade de Berkeley e terrorista que escreveu um manifesto dizendo que o desenvolvimento tecno–eletrônico ameaça destruir o mundo e, portanto, todo defensor da tecnologia é responsável pelo genocídio do planeta.

Ela, de alguma forma, faz a engenhoca se comunicar com a impressora, e volta entregando um papel para a minha esposa e outro para mim.

> Águas Infindáveis
> Rio escuro e
> Água fria
> Implacável em sua mensagem sufocante
> Implacável
> Implacável
> Deixe-me sufocá-lo
> Diz
> Sufocar
> Sufocar
> E arrastá-lo frio e sem vida
> Para o mar

Por que, alguma vez na vida, achamos que podíamos ser pais? Com certeza, estávamos fora do nosso juízo.

Minha esposa fita o teto por um instante.

– Ele tem uma imagística muito forte. Muito vívido – ela por fim declara.

Que bela escapada! Minha filha parece satisfeita com o comentário, no entanto, sei que preciso dizer algo tão bom quanto ela. Eu limpo minha garganta.

– Ele *é* vívido – concordo, com uma resposta fraca. Certo, ninguém está impressionado com isso. – Eu posso quase sentir o... incansável, a sufocação... o frio, sufocação, incansável... ah... – Olho para elas, sentindo-me como se estivessem me sufocando, sufocando, sufocando. Meu cérebro está frio e sem vida, tentando achar algo positivo para dizer. – Não tenho certeza de que compreendi o poema completamente – admito por fim.

Minha filha coleta seus papéis e deixa a sala, não parecendo afetada pela minha falta de compreensão literária. Eu sacudo minha cabeça enquanto ela parte, virando-me para minha esposa.

– Bem, isso com certeza foi animado! – falei de maneira entusiasmada. – Vamos ligar para uma editora e ver se está interessada em novos talentos.

– Agora, isso foi legal? – minha esposa questiona.

– O poema era sobre *sufocamento. Isso* é legal?

Ela franze os lábios.

– O problema é que ela usa aquele PDA para mais coisas além de poesia.

– O que quer dizer? – eu disse cauteloso.

– Ligaram da escola. Os alunos não usam esse dispositivo de mão apenas para anotar as aulas, mas, aparentemente, podem enviar mensagens eletrônicas uns para os outros. A escola quer banir o PDA, mas as crianças também o usam para estudar.

Minha cabeça dói.

– Nunca fiz nada como isso quando era um adolescente – lamentei. – Eu só anotava.

– Seus pais dizem que você, praticamente, não estudava.

– Bem, eu era naturalmente dotado e não precisava me debruçar sobre os livros com freqüência.

– Sua mãe diz que é um milagre você ter se formado.

– Por que conversa com a minha mãe?

– Então converse *você* com ela. Ela diz que você nunca liga.

– Odeio quando você argumenta em círculos.

– Certo, então o que devemos fazer?

Eu suspiro.

– Vou falar com nossa filha – afirmo. De qualquer maneira, eu queria tentar fazer outro elogio ao poema. Fico em pé com um gemido, para que minha esposa perceba que sacrifício é aquele – você nunca sabe quando precisará de alguns pontos para tirar vantagem com sua esposa.

Minha filha mais nova está arqueada sobre o PDA quando bato na porta.

– Ei! – eu cumprimento.

Ela olha para cima, puxando seu cabelo para longe dos olhos. Um grande silêncio se forma entre nós – falar com essa garota costuma ser tão *fácil*.

– Deixe-me dar outra olhada naquele poema – eu sugiro.

Ela não responde por vários segundos, apenas continua escrevendo, e me pergunto se não estou testando minha sorte, tentando ter duas conversas com ela na mesma noite. Então minha filha abaixa a caneta e me passa o papel.

– Ele é sobre a morte, certo? – eu finalmente chuto.

Ela acena, concordando de maneira solene, me olhando.

– Quando isso acontece, é como um rio escuro, com a corrente te puxando, mas então você sai no mar, que é vasto como o universo ou o céu, certo? – sugiro.

Ela concorda de novo, e um fraco rubor vai surgindo em suas bochechas.

– É realmente muito bom – eu digo a ela com sinceridade.

Por apenas um momento, algo salta sobre as barreiras entre nós. Em outros tempos, em uma época diferente, eu a teria abraçado e ela, me beijado na bochecha.

– Então me mostra como se usa essa engenhoca – eu peço finalmente. – Você pode realmente mandar mensagens para as amigas na sala de aula?

Ela demonstrou como era fácil se comunicar com as colegas, movendo a caneta sobre a tela com precisão e destreza.

– Bem legal! – eu disse a ela.

Minha esposa estava lendo o jornal quando entrei na sala de estar.

– Você falou com ela sobre mandar mensagens na aula? – ela quis saber.

– Sim – respondi honestamente.

Conclusão

Acho que concordo que o telefone celular tem um propósito, além da conta milionária que produz – sem ele, as pessoas não teriam nada para fazer quando estivessem dirigindo, a não ser se concentrarem no trânsito. Mas eu não percebo nada que tenha aumentado a qualidade dos *meus* dias ao deixar minhas filhas falarem com mais freqüência com as amigas.

E também não digo mais que os computadores são uma moda passageira. Eles agora são uma parte da minha vida cotidiana, permitindo-me receber mais correspondência não solicitada do que jamais foi possível antes, e permitindo a editores de Internet pegar cópias dos meus escritos e publicá-las, sem se incomodarem com qualquer lucro incômodo a que eu possa ter direito. Mas não acho que esses aparelhos sejam necessários para a tarefa de criar filhas, apesar das reivindicações delas de que "temos de ter, com certeza", um computador melhor, para que possam baixar os gráficos necessários e responder, de uma vez por todas, a questão de quem tem o melhor traseiro nos filmes.

Você já pode ter chegado à mesma conclusão do que eu a respeito desses aparelhos: as filhas sempre entenderão mais deles do que você. Não faz muito tempo, minha filha mais nova me mostrou como ela pode usar seu PDA para mandar uma mensagem ao computador, o qual, de alguma forma, envia a mesma mensagem para aparecer como texto no celular. Eu não tenho idéia por que alguém gostaria de fazer tal coisa, e você provavelmente também não tem.

Isso é suficiente para fazer você ter saudades dos dias quando a única coisa que as filhas podiam fazer com a tecnologia era quebrá-la. "Não toque no videocassete", você gritaria, tarde demais para impedi-las de enfiar uma banana nele. Agora, elas gritam com você: "Pai, não mexe no computador. Eu estou fazendo um download!".

Ao criar a ilusão de que você é um idiota tecnológico, todos esses novos aparelhos forçaram um estado de coisas não natural na família, com adolescentes repreendendo você, de maneira inadequada, por "ter estragado o sistema operacional", o que quer que isso seja. Meu conselho é lembrá-las de que os PCs foram inventados por pais (você não ouviu a expressão "o pai do computador pessoal"?) e, portanto, se alguém na casa sabe usar aquela coisa infernal, esse deve ser você. Mantenha essa história e não a mude apesar da indignação delas. Você é o pai.

Roupas Proibidas para Adolescentes

Tecido, Tinta e Metal Transformam Sua Filha Adolescente em um Anúncio para Atividades Não Autorizadas

O propósito da roupa é cobrir o corpo, mantê-lo aquecido e fora da vista dos rapazes. É possível imaginar quando os homens das cavernas, ou acho que atualmente eles são chamados de povo das cavernas, pela primeira vez decidiram envolver-se em peles de bisão, e provavelmente deve ter funcionado assim:

> **Primeira filha adolescente das cavernas:** Olha, estou usando a pele do bicho que foi morto ontem. Que tal, gostou?
>
> **Segunda filha adolescente das cavernas:** Bem, você parece um bisão.
>
> **Primeira filha adolescente das cavernas:** Obrigada!
>
> Muito provavelmente a coisa *não* aconteceu assim:
>
> **Primeira filha adolescente das cavernas:** Olha, estou usando a pele do bicho que foi morto ontem. Que tal, gostou?
>
> **Segunda filha Adolescente das cavernas:** Acho que você devia encurtar o vestido uns 30 centímetros acima do joelho e então cortar umas fendas dos lados até a altura do tórax. Na frente, faça um decote bem arrojado e use alguma coisa por baixo que force seus seios para fora, a fim de que cada rapaz possa olhar para eles com desejo. E tem de ser bem apertado. Por que deixar alguma coisa para a imaginação?
>
> **Primeira filha adolescente das cavernas:** Boa idéia!
>
> **Pai da caverna:** Você não vai sair de casa vestida desse jeito!

Não duvido que tenha sido nesse momento da história que o Pai da Caverna ouviu pela primeira vez as palavras: "Mas *todo mundo* se veste assim", que é o que as filhas adolescentes ainda dizem hoje em dia. E é verdade, se você definir "todo mundo" como as três melhores amigas de sua filha e ignorar o "todo mundo" restante. Nem se dê ao trabalho de dizer à filha que o "todo mundo" dela é uma amostra muito pequena. Ela virá com um exaustivo raciocínio, no qual a maioria da população não é levada em consideração. ("Ah, essa não conta", sua filha vai dizer com desprezo quando você comentar sobre aquela estudante do colégio que se veste com muito estilo, apesar de modestamente. "Ela está tão na moda quanto o Clube de Ecologia.") Em vez de dizer isso, afirme de forma bem razoável: "Não quero saber o que todo mundo está usando. Todo mundo não é minha filha. *Você* é minha filha, e vai vestir alguma coisa que conserve o calor do corpo em vez de despertá-lo".

É triste, mas este é um dos deveres de pai: assegurar-se de que a epiderme de sua filha esteja protegida o tempo todo. É uma batalha de muitas frentes, travada não só em relação a roupas reduzidas como também a jóias e maquiagem e contra alguns poucos surpreendentes aliados – sua esposa, por exemplo, não vai ver nada de errado em sua filha ter pearcing, com *apenas 9 anos de idade*, somente porque ela fica "uma gracinha". Isso é como permitir a Hitler que ataque a Tchecoslováquia: ele não vai parar por aí. O pior, quando sugere um acordo (você disse 27 anos de idade, ela disse 9, um meio termo numérico é 18), todo mundo finge que você não tem direito a voto nesse assunto!

Os pais são aconselhados a não desistir. Afinal, em uma hora dessas, a filha aparecerá vestida ostentando algum acessório da moda que vai deixar até a sua esposa horrorizada, e você finalmente terá alguém do seu lado. (Nesse ponto, será tentado a apontar presunçosamente que estava certo o tempo todo e que, se a família tivesse escutado você antes, talvez a filha não estivesse com uma corrente de 15 centímetros pendurada no quadril esquerdo. Eu devo observar, no entanto, que você nada tem a ganhar dizendo isso, a não ser fazer sua esposa se sentir desprezível. Apesar de tudo, vá em frente.)

Maquiagem: Quando Até o Pouco É Muito

Quando uma garota é um bebê, ela usa roupas muito sensatas. E, quando há alguma coisa em seu rosto, é chocolate ou ketchup. À medida que cresce, ela vestirá menos conjuntinhos infantis e vai parar de exigir que qualquer roupa dela tenha uma imagem do ursinho Pooh, e pode até, uma vez ou outra, passar um batom com um doce cheiro de morango. Mas nada disso é alarmante. Afinal, os gostos das pessoas mudam e os pais são encorajados a aceitar isso, ainda que não entendam completamente o processo.

Mas, então, as crianças se transformam em adolescentes, e o estilo delas passa a valorizar o corpo – roupas que expõem o corpo, jóias que perfuram o corpo, como os *piercings*, e produtos de maquiagem que pintam o corpo.

A primeira dica de que os dias fáceis acabaram, e que o papai precisa intervir e começar a ditar o que as filhas devem usar, vem na forma de tintas e pós que impregnam a pele da garotinha. Felizmente, esse é um sinal que o homem consegue perceber: um dia, a filha está sentada diante dele na mesa como uma Punky Brewster[1] limpa e saudável. Na manhã seguinte, ela vem para o café da manhã parecendo Elvira, a Rainha das Trevas.

– Há uma festa a fantasia na escola hoje? – você pergunta cuidadosamente. Ela pisca para você, com sua maquiagem tão pesada quanto uma tábua de 5 centímetros de espessura.

– O que você quer dizer? – ela pergunta inocentemente, como se tivesse esquecido que, nesta manhã, gastou meia hora a mais em pé na frente do espelho, aplicando algo semelhante a uma massa Epóxi púrpura no rosto. A visão que ela tem de você deve estar tão obscurecida pelas camadas de lama que ela parece um soldado espreitando pelo buraco de alguma trincheira na Segunda Guerra Mundial[2].

– Você está usando maquiagem – você retruca. Isso é chamado de "eufemismo familiar", e é uma indicação do nível de sofisticação que você atingiu no que se refere a educar uma criança.

Ela tenta piscar os olhos discretamente em resposta, mas os cílios estão tão cheios de maquiagem que ficam grudados.

---

1 N.T.: No Brasil, a personagem do seriado "Punky, a Levada da Breca".
2 N.A.: Quando você faz referência à invasão da Tchecoslováquia, por Hitler, e mais tarde fala sobre as trincheiras na Segunda Guerra Mundial, dá a impressão de que você sabe escrever bem.

– Um pouco – ela admite, provando não ser uma novata no departamento de eufemismo. – Fui fazer uma transformação no visual ontem.

Uma transformação no visual! Você e sua esposa realizaram um belo trabalho fazendo essa filha, pela primeira vez, por que então ela acha que precisa ser refeita?

– E onde ficava esse transformador?

– No shopping – ela retruca, como se essa fosse a resposta mais lógica do mundo.

Você sente que está testemunhando um daqueles acontecimentos que são um divisor de águas no relacionamento com a filha adolescente, um ponto de mutação que vai influenciar a natureza da próxima meia década. Haverá muitas mudanças pela frente, e sua filha precisa ter a liberdade de expressar sua individualidade. Você sabe que ela não vai aparecer assim toda manhã, porque, se o fizer, a delegacia que trata de atentado ao pudor ficará no encalço dela. Esse é apenas seu primeiro passo em falso no sentido de se assumir como mulher, executado de maneira nada hábil, uma tentativa de dominar aquilo que deve ser, seguramente, essa tarefa um tanto difícil de aplicar sutis sombras de cor em seu rosto. O que é necessário aqui é tolerância, entendimento ou mesmo encorajamento.

– Ou vai limpar esse rosto ou não sai desta casa – você a encoraja de forma muito tolerante.

– *O quê?* – ela dá um grito agudo. Lágrimas brotam dos seus olhos e provocam uma erosão em sua face, criando profundos canais.

– Você pode usar minha colher de pedreiro se precisar, mas não vai sair com essa aparência – você continua.

Embora esteja sendo superprotetor, a reação rapidamente minará seu gesto, já que as mulheres da casa realizarão um plebiscito e votará para que o pai não tenha direito a opinar na quantidade de maquiagem que pode ser usada, mesmo quando ela é claramente excessiva. Sua filha vai bater a porta com o rosto limpo apenas nesta última manhã, mas a bolsa estará cheia de brilho para os lábios, sombra para o olho e pó para o rosto, e na hora em que chegar da escola já estará parecida com a Elizabeth Taylor, em *Cleópatra*.

Hora de você ficar ocupado. Esse lance de abertura indica o início de um longo e prolongado conflito, e a única oportunidade para preparar suas forças é agora, enquanto as adversárias estão celebrando a vitória delas. Quando as filhas voltam da escola, você apresentará a elas suas normas sobre "roupas proibidas".

Normas Muito Razoáveis de um Pai em Relação a Roupas Proibidas

Instruções sobre Sutiãs e Roupa de Baixo

Eu entendo o fato de que agora é necessário que vocês usem um sutiã. Bem, isso não é completamente verdade, já que não entendo realmente o que um sutiã faz e não quero saber! Não digam! Não estou perguntando!

De qualquer modo, não tenho problemas com o fato de vocês usarem sutiã, desde que eles não se misturem com as minhas roupas para lavar e não apareçam em um lugar em que eu possa vê-los. No entanto, vocês não parecem entender o propósito da roupa de baixo. As palavras "de baixo" não estão lá por acidente – espera-se que vocês mantenham o sutiã completamente escondido da vista, enterrando-o em um monte de roupas. Nos últimos tempos, tenho percebido que todas estão usando tops minúsculos, fazendo com que as alças do sutiã sejam vistas. Isso é inaceitável, e completa e totalmente proibido. Uma alça de sutiã visível é um sinal para os garotos de que agora vocês têm seios. Eles não precisam saber disso. Não preciso saber disso também. Vamos manter esse fato como um segredo pavoroso.

E, enquanto estamos falando disso, também não pude deixar de notar (devido às roupas defeituosas, que permitem que suas peças íntimas apareçam ou fiquem visíveis através delas!) que em vez de sutiãs básicos, sem invencionices, que deveriam estar usando, vocês desfilam na frente dos garotos vestindo itens que saíram de um catálogo da Victoria's Secret.

Agora, isso me deixa perplexo. Minha posição oficial, até esse ponto, é que eu estive disposto a fazer o que fosse necessário para impedir que esses catálogos chegassem em casa. Estudei as páginas deles, detalhadamente, e obtive várias idéias excelentes para o que sua mãe deve vestir, o que ela tem ignorado por anos. Agora, no entanto, vocês, *filhas,* estão comprando coisas desses catálogos, e eu não quero saber o que compraram. Não me contem! Apenas quero apontar quais os itens desse catálogo que não são apropriados. Não me importo que outras mulheres queiram usá-los, mas vocês não podem. Eu gostaria de sugerir que comprassem camisetas na C&A. E como é possível que vocês não queiram mais usar nada com o ursinho Pooh?

Quando se trata de calcinhas, um pai *nunca* deveria saber o que as filhas vestem, mas vocês não me permitem ignorar esse assunto, pois, vez ou outra deixam uma na pia do banheiro, como se estivessem preparando algum tipo de sopa de roupa íntima. Se eu quiser me barbear, tenho de removê-las, o que faço com um utensílio de cozinha e uma apropriada expressão de enjôo. Durante esse processo, percebi que vocês começaram a usar um modelo fio-dental, abandonando completamente as calcinhas brancas de algodão que ostentaram de maneira tão bem-sucedida por tantos anos.

Vestir calcinha fio-dental é algo tão sensato quanto vestir uma pedra de estilingue. Não posso imaginar porque alguém vestiria voluntariamente uma coisa tão desconfortável, sem contar que o custo por centímetro quadrado é com certeza proibitivo.

Na minha opinião, a roupa íntima de uma filha tem o mesmo propósito da polícia: preservar e proteger. Por favor, prometam que, de agora em diante, cada calcinha que vocês comprarem seguirá esse lema.

Minhas Normas para Trajes de Banho

Uma rápida lição de história é necessária. As piscinas foram originalmente inventadas como um lugar onde as pessoas podiam nadar. (Estou indo rápido demais aqui?) Para facilitar essa atividade atlética, os trajes de banho foram inventados.

Suas informações sobre o que vestir na piscina parecem ter vindo da *Sports Illustrated.* Eu gostaria de convidá-las a olhar as mulheres nessas fotos com mais atenção – eu sei que, com certeza, irei fazê-lo. O que vocês vêem? Estão certas. Nenhuma delas está realmente *nadan-*

do. Isso porque, se elas mergulhassem na água, aquele pouco que estão vestindo seria levado pela água.

O traje de banho que vocês trouxeram para vestir neste verão é bom apenas para passear ao redor da piscina e deixar os garotos acesos. Essa é uma atividade proibida.

Vocês podem vestir essa coisa, mas somente se vestirem uma camiseta por baixo. Essas são minhas normas razoáveis em relação a trajes de banho.

Alguns Pensamentos sobre os Sapatos

O propósito dos sapatos não é adicionar altitude de maneira que vocês pareçam estar fazendo teste para um papel na série *Terra de Gigantes*. Aqui vai uma dica: se vocês descobrirem que estão mais altas do que Dikembe Mtumbo[3], estão calçando os sapatos errados. Em vez dos 25 centímetros de couro que se colocam entre vocês e o planeta Terra, por que não tentam comprar algo com material *que cubra* o pé, para que não tenhamos de ver que vocês pintaram cada unha de uma cor diferente?

Os saltos que vocês usam parecem ter sido projetados pela Sociedade pela Promoção da Torção do Tornozelo. Observando vocês se balançarem em cima das plataformas bambas, entendo por que querem que eu lhes compre um carro – com certeza, vocês não serão capazes de *andar* para lugar nenhum.

Alguns Princípios Orientadores sobre *Body Piercing*

O *body piercing* é o ato de ter pequenos buracos perfurados na pele, e, então, preenchê-los com metal. Ele torna o rosto de uma adolescente tão atraente quanto um pneu furado. É preciso apenas olhar um programa sobre pesca na televisão para perceber de onde veio a inspiração para o *body piercing* – embora para o peixe, o gancho de prata em seu lábio não possa ser considerado um acessório de moda.

---

3 N.T.: Famoso jogador de basquete norte-americano.

Peixe macho: Diz aí, percebi que você passou por um *piercing* de três ganchos, aí.

Peixe fêmea: Sim, vi o gancho se movendo a uma velocidade constante e tive de morder. Você gostou?

Peixe macho: Muito atraente!

Peixe fêmea: Ops! Estou sendo fisgada. Tenho que ir!

Ao contrário das roupas, o uso do *body piercing* não é algo que você pode usar, seguindo as normas razoáveis impostas por seu pai, simplesmente cobrindo-se com mais algumas dessas "peças". O uso dessas "jóias" exige sua própria norma razoável: *Vocês podem encher-se de buracos no dia em que me colocarem em um caixão e me descerem ao solo. Até lá, irei assumir que qualquer metal projetando-se de seus lábios ou pálpebras está lá porque vocês tentaram comer uma minhoca balançando-se no final de uma linha de monofilamento, e vou usar meu extrator de anzóis para removê-lo.*

Das Saias, Calças e Blusas

Não vivemos em Bora Bora. Vocês precisam cobrir-se adequadamente para não pegar um resfriado ou um namorado.

A roupa deve ser folgada o suficiente para permitir uma certa quantidade de movimento. Algumas vezes, as roupas que vocês vestem são tão apertadas que fico com uma sensação de esmagamento no peito.

Minha norma muito razoável para saias, calças e blusas diz que elas não devem falhar na regra do "demais". Isto é, elas não devem ser apertadas demais, curtas demais, reveladoras demais, insuficientes demais, coladas demais ou transparentes demais. Para descobrir se algo foge à regra do "demais", vocês só precisam me perguntar.

A Corrida Maluca para a Escola de Manhã

Pelo fato de a escola funcionar regularmente, na hora da conhecida partida, às 7 horas, formalmente lembrada toda noite pela minha esposa, meus filhos reagem com completo choque, raiva e confusão quando percebem, de repente, normalmente às 6h45, que terão de se vestir e ir para a aula.

Minha esposa e eu, ao longo dos anos, aperfeiçoamos um sistema de responsabilidade dividida quando se trata do apoio familiar para as preparações da manhã. Sou responsável por manter todos informados, lendo cuidadosamente o jornal e bradando os fatos aos outros, enquanto minha esposa ajuda nossas filhas a se vestirem. (Você acha que elas poderiam lidar com essa tarefa sozinhas, mas, de alguma forma, isso se torna um gigantesco projeto para toda a família.)

De vez em quando, e apesar das minhas severas instruções de que isso nunca deva acontecer, minha esposa irá cedo para uma reunião, escapulindo de casa antes mesmo que eu esteja acordado. *"Deixei um frango para descongelar"* – seu recado diz. *"Não o leve esta manhã. Ele NÃO é seu almoço."*

Seu filho ainda está suspenso do ônibus por atirar cascas de laranja pela janela, então, você terá de levá-lo de carro. Não vá se esquecer e deixá-lo em casa!

Novamente, uma vez, talvez duas, isso aconteceu. Essa mulher sabe de fato guardar rancor.

"Eu te amo!" – termina o recado. Isso é muito gentil, mas não muda o fato de que a delicada divisão de trabalho na casa está sendo perturbada pela sua partida mais cedo.

A posição filosófica de meu filho é que a educação é uma atividade opcional, com pouco apelo ou valor para ele. Aparentemente, o garoto não vê necessidade de sair da cama antes de sua saída propriamente dita, então, um dos desafios da manhã é garantir que ele faça parte da equipe.

– São 6h30! – eu grito na direção dos quartos de meus filhos. – Todo mundo está acordado?

Não há resposta. De maneira relutante, caminho penosamente até o corredor. Bato na porta do quarto da filha mais velha. – Você está acordada? Oi?

– O quê? – sua voz soa como se filtrada por uma lixa.

– Você está acordada? – Eu tento abrir a porta, mas o monte de roupa suja do outro lado torna meus esforços inúteis.

– Que horas são? – ela arranha de dentro de sua tumba.
– São 6h30! Isso significa que você não está de pé ainda?
– Que dia é hoje?
– É segunda-feira!
Há uma pausa enquanto ela digere esse infeliz pedaço de notícia.
– Nós temos aula hoje?
– Sim! Saia da cama, estamos ficando atrasados!

O corpo do meu filho responde tanto quanto um peixe congelado quando grito com ele, mas, depois de repetidas sacudidelas, ele abre o olho e me trata como se eu fosse um perfeito estranho. – Hora de levantar – insisto.

– Está nevando? – ele pergunta com esperança.
– Só saia da cama.
– Que horas são?

A notícia da invenção dos relógios e despertadores aparentemente falhou em alcançar meus filhos.

– São 6h32 – respondo.
– Oh! – ele se vira. – Ainda falta meia hora – murmura.
– Não! Saia da cama! – eu trovejo.

Na porta do quarto de minha filha mais nova vejo a luz saindo por baixo, embora, quando eu bato nela, não haja indicação de vida do outro lado. Bato e, por fim, acabo por abrindo-a: um conjunto pequeno de fones de ouvido está em volta do pescoço dela, como um estetoscópio.

– O quê? – ela exige.
– Eu apenas queria ter certeza de que você estava acordada – digo, animadamente, comovido por ver que ela já está vestida.
– Não preciso que você me acorde – ela responde friamente, fechando a porta.

São 6h40. Eu volto ao corredor.

– Estamos ficando atrasados! – anuncio. Esse é o nosso lema familiar oficial.

Minha filha mais velha escancara a porta. Ela está com o cabelo em uma toalha e tem uma grossa gororoba verde espalhada pelo rosto, como se alguém a tivesse acertado com uma torta cremosa de abacate. É um tanto assustador.

– Tenho de imprimir meu relatório sobre as causas da Guerra Civil! – ela grita comigo.

– Você pode também pensar em raspar esse lodo do seu rosto – sugiro. – Ele parece estar ficando gangrenoso.

– Você pode imprimir? Aqui está o disquete! – Ela joga o disquete para mim e bate a porta sem esperar a resposta.

Certo, faço isso, digo para mim mesmo. Ligo o computador. Meu filho anda cambaleando, um estudo em letargia. Cai no sofá, desmoronando como se seu sistema nervoso tivesse entrado em curto-circuito.

– Levante-se! – digo a ele. – Vá tomar café! Vista-se! Dê comida ao cachorro! Ele pisca, tentando processar todos esses comandos. – Vai! – eu grito.

Ele vai, deixando a sala em direção à cozinha. Não tenho qualquer confiança de que ele vai realizar o que quer que seja uma vez estando lá.

A dissertação da minha filha sobre a Guerra Civil culpa o bombardeio do Fort Sumter pelos Confederados como a única razão para o conflito. – Ei! – grito para ela. – Você não acha que há mais causas além desta? Tipo, não sei, a escravidão?

Ela abre a porta. A coisa verde se foi de seu rosto, mas seu cabelo ainda está enrolado em uma toalha.

– Fort Sumter é o que a professora disse que foi a causa! – ela reclama comigo.

– Estou certo de que ela disse que essa foi a provocação que deu início imediato à luta, mas as causas básicas são muito mais complexas – explico suntuosamente.

– Está certo. Então, ligue para o diretor e conte a ele que minha professora de história não sabe do que está falando! – ela retruca.

– Não é isso que estou querendo dizer – protesto. – A verdadeira luta começou em Sumter, mas essa não é a razão pela qual os Estados Unidos entraram em guerra.

– Bem, vai ver que quando você estava na escola a causa era diferente! Eu não me importo, não tenho tempo para lidar com suas idéias antiquadas! Isso era para ser entregue na sexta-feira!

– Sexta? Quer dizer que você esperou até segunda para imprimir um relatório que era para sexta?

– Bem, talvez, se você me deixasse escrever o que a professora disse, eu pudesse entregar a tempo! – ela grita.

Não consigo pensar em uma resposta que não inclua o meu enfurecimento. Mordendo os dentes, clico no ícone de impressão.

Faltam cinco minutos para as sete. Minha filha mais nova sai do quarto, vestindo calça preta, camiseta preta e um suéter preto.

– Você vai a uma reunião de bruxas depois da escola? – pergunto. Ela revira os olhos e vai para a cozinha.

O café da manhã consiste em acusações e ameaças. Aparentemente, ninguém está disposto a passar o leite ou o cereal.

– Podemos encomendar isto, pai? – meu filho pergunta, apontando para as costas da caixa de cereal: *Raio da Morte de 2.000 Volts!* – eu leio no anúncio.

– Não, filho! – digo a ele – Nós excedemos a cota de brinquedos, deste ano, que contenham a palavra "morte".

A hora de saída combinada, às 7, transcorre sem que isso pareça ter qualquer importância para meus filhos. A filha mais velha entra com tudo, ainda vestindo o roupão de banho.

– Você pode preparar algo para eu comer? – ela pede. – E preciso de dinheiro para o lanche.

– Preciso de dinheiro para o lanche! – meu filho adere.

– Preciso de dinheiro para o lanche – a filha mais nova concorda.

– Por que nunca fazemos lanche para levar? – pergunto. – Eu economizaria dinheiro. O dinheiro é seu amigo.

– Só completos bobocas levam lanche de casa – a filha mais nova zomba.

– *Sempre* levei lanche de casa – reagi com leveza. Ela me deu um olhar de "você acabou de provar o que eu disse".

– Estamos ficando atrasados – anuncio.

– Pai, se a gente tivesse um grande tubarão branco, o que teria de dar para ele comer? – meu filho quer saber.

– Dá para você terminar seu café da manhã? E escove os dentes – digo a ele.

– Eu não tenho nada para vestir! – a filha mais velha grita do final do corredor.

Isso não pode ser verdade. Há roupa suficiente no chão do quarto dela para vestir durante o terceiro colegial inteiro.

– Nós estamos ficando atrasados! – digo a ela de maneira prestativa.

Meu filho decidiu treinar o cachorro para subir na mesa e lamber a tigela de cereais.

– Desce daí! – ordeno. O cachorro me olha magoado. – É isso que você vai vestir? – pergunto ao meu filho. Ele está vestido com uma camiseta de flanela e uma calça com um número ridículo de bolsos. – Com certeza – ele diz.

– Não foi com essa roupa que você dormiu? – exigi saber.

– Com certeza – ele diz.

Bem, que seja.

Minha filha mais velha surge novamente na sala. Ela está com uma saia tão pequena que faz os meus olhos lacrimejarem.

– Você não vai vestida com isso na escola – informo a ela.

– Por que não? É minha saia nova!

– Porque posso ver sua calcinha, pelo amor de Deus. – digo a ela.

– Você é o homem mais cruel do mundo todo – ela agita-se, pisando com força enquanto volta ao corredor. Quando sua porta bate, posso ouvir quadros caindo das paredes por toda casa.

– Eu não acredito que você disse isso a ela – a outra filha me repreende.

– Por que não? É verdade!

– É por isso que você não deveria ter dito nada – ela vaia, levantando-se e juntando seus livros. – Estou pegando carona com o Zero.

– Com quem?

Nesse momento, o que parece ser um carro de fuga entra guinchando na garagem. As vibrações do rádio dele começam a balançar a janela da frente.

– Zero. Ele é um amigo.

– Seu nome é Zero? – eu falo. – Seus pais não poderiam escolher um número melhor que *esse*?

Minha filha mais nova sai sem olhar para trás.

– Essa saia é a única coisa que tenho para vestir. Não vou pôr outra coisa – a filha mais velha declara de maneira arrogante, o equivalente adolescente para bombardear o Fort Sumter. Talvez para impedir os garotos de olhar para suas pernas, ela vestiu uma blusa justa, de um modo tão sufocante que falha em revestir a distância entre as costelas e o umbigo.

– Coloque mais roupa – digo a ela.

Peguei o telefone e disquei.

– *Essa é a linha de atendimento da escola. Para comunicar uma ausência, aperte 1. Para comunicar um atraso, aperte 2. Se vocês são os Camerons, ligando para comunicar um atraso de novo, apertem 3.*

– Estamos ficando atrasados! – eu gritei.

– Não tenho o que vestir! – ela grita.

– Hora de ir! – ameaço. – Filho, você alimentou o cachorro?

– Ele comeu o resto do meu cereal – ele avisa.

Minha filha entra de novo na cozinha, evitando meus olhos. Ela vestiu um jeans azul tão justo quanto a pele de uma salsicha. Sua blusa é da mesma coleção inadequada.

– Você pode expor menos estômago? – eu pergunto.

– Essa é a única blusa que tenho – ela resmunga.

Pegamos nossas coisas e fomos para o carro, onde as crianças se entretêm lutando pelo que vão ouvir no caminho. Primeiro, deixo minha filha, que sai do carro, mal ele pára, e bate a porta, como se estivesse conduzindo um experimento sobre a fadiga do metal. Um grupo de amigas, dando gritos agudos, corre para informá-la de algum novo escândalo, e vejo que todas estão mostrando porções do estômago acima da linha da cintura. Talvez os garotos da escola fiquem confusos com essa exibição maciça de pele, fugindo como leopardos confrontados pelas linhas misturadas de uma manada de zebras. Pelo menos, espero que sim.

Conclusão

A função da roupa não é provocar, é para ser uma proteção em relação aos elementos. Um desses elementos são os garotos, então, quando a roupa se mostra inadequada para a tarefa, o pai precisa assumir a função de proteger.

Por outro lado, maquiagem não tem qualquer outro propósito além de acentuar algo. O que se acentua é o fato de que sua garotinha pode estar pronta para dar o primeiro grande passo em direção à sua transformação em mulher. Já que *você* não está pronto, deve fazer o melhor para silenciar o impacto que recebe com as pinturas e manchas que a filha usa. E as jóias devem sempre ser (*a*) de bom gosto, (*b*) compradas sem choque financeiro para o pai e (*c*) removíveis, sem deixar para trás uma cicatriz permanente.

Como já observei antes, a maioria das pessoas na família vai se comportar de uma maneira sarcástica mais inadequada quando o pai começa a transmitir a lei sobre esses assuntos, fingindo que a escolha das roupas do pai não lhe dá qualquer voz na decisão. Ei – você deve dizer a eles –, ninguém fica olhando para *mim* quando saio de casa – aparentemente, minha roupa está fazendo o seu trabalho como deveria. (Não que as garotas ouvirão isso – é quase como se elas *quisessem* ser encaradas.)

Os pais não entendem por que as filhas rebelam-se contra regras razoáveis de vestuário. Você não esteve presente, desde o começo, dando instruções nessa área? "Querida, coloque um casaco. Está frio lá fora" – você diz. "Não, você não pode usar a roupa de balé na escola." Agora, depois de guiá-la em segurança, pelos primeiros doze anos, você deve abdicar da responsabilidade? Como isso é aceitável?

Olhe, as pessoas estão sempre lhe dizendo o que vestir. "Essa gravata não combina com sua camisa" – sua esposa vai comentar no momento em que você está saindo da garagem. Então, não há nada de incoerente em dar o mesmo tipo de conselho para as filhas adolescentes. Ninguém mais está disposto a fazer isso. Então, a responsabilidade é sua. Você é o pai.

A Festa É Dela e Vou Chorar Se Eu Quiser

As Adolescentes Se Juntam com o Claro Propósito de Violar os Desejos de Seus Pais

Embora as filhas passem horas e horas com as amigas adolescentes na escola e no shopping center, elas desejam mais contato – elas querem iniciar os eventos potencialmente catastróficos conhecidos como "festas".

As festas adolescentes costumam vir em dois sabores:

1. Encontros não autorizados, organizados pelos próprios jovens. Sem nenhuma supervisão adulta, os jovens se comportam de maneira inadequada. Essas festas são estritamente proibidas.
2. Encontros organizados, fiscalizados, planejados, gerenciados por adultos e realizados em ambientes seguros e supervisionados. Essas festas também estão estritamente proibidas.

Quando a Sua Filha Quer Dar uma Festa

Como se não estivesse prestando qualquer atenção a tudo que você estava dizendo, a filha vai abordá-lo em algum ponto e perguntar se pode dar uma festa. Você talvez fique tentado a permitir isso: afinal, sob seu teto, sujeita a suas regras e procedimentos de segurança, uma festa tem pouca chance de sair do controle, certo? Bem, é como dizer que você consegue controlar um cardume de piranhas depois de uma perna de carneiro ter caído na água. A não ser que utilize um extintor de incêndio, nada é capaz de suprimir a hiperatividade de um grupo de adolescentes a fim de "se divertir".

Pode ser que nem lhe perguntem. As festas adolescentes, como o fungo de chuveiro, brotam como intrusos se você não tomar cuidado. Primeiro, algumas das amigas da filha aparecem. Então, um ou dois garotos surgem na porta. Quando você se dá conta, eles estão ouvindo música e pedindo pizza – uma festa sob o seu teto!

Pior ainda, uma simples viagem para fora da cidade com sua esposa não é nada além de um convite aberto a todos os adolescentes do bairro para vir à sua casa e destruir seus pertences. Quando você sai, entregando às filhas uma lista de tarefas domésticas para fazer enquanto está fora, o rosto delas parece tão limpo e inocente que você é atraído para uma falsa sensação de segurança, sem perceber que, nesse exato momento a estação de rádio local está anunciando o tumulto que rolará em sua casa esta noite.

Cinco Sinais Provam Que as Filhas Deram uma Festa Enquanto Você Estava Fora

1. Ainda há partes da casa em que você não pode entrar porque estão cercadas com aquelas fitas da polícia que isolam a "cena do crime".
2. Você recebe um aviso do limpador de carpete local de que "sua próxima chamada será totalmente de graça"!
3. A Carol aparece e, um tanto sem fôlego, pergunta se pode "checar uma coisa" no seu quarto por um minutinho.
4. Seu vizinho do lado, de repente, recusa-se a falar com você por "conselho do meu advogado".
5. O helicóptero da tevê de notícias agora sobrevoa sua casa, uma vez por dia, como parte de sua rotina regular.

O Baile do Colégio – uma História Verdadeira

O diretor do colégio de minhas filhas é um homem amável e gentil, completamente o oposto do fugitivo criminoso de guerra que mantinha a disciplina quando eu estava no colégio. Eu até vejo o diretor delas, de tempos em tempos, fora da escola, em ocasiões sociais e na loja de ferramentas – o diretor do *meu* colégio ia para casa dormir, de cabeça para baixo, em um armário, com suas asas sobre o rosto.

Um dia, eu estava andando de um lado para o outro nos corredores da mercearia, tentando encontrar os itens da lista de minha esposa, quando literalmente atropelei o diretor com meu carrinho. Pedi desculpas a ele e perguntei onde encontrar cominho, e também o que era isso. Durante nossa conversa, ele me contou que era uma espécie de monitor no baile do colégio daquela noite.

– Sei que não gosta de fazer coisas como essa, mas você estaria disposto a ser um monitor hoje à noite? – ele me perguntou hesitante, percebendo que eu olhava em seu carrinho para tentar localizar alguma coisa que estava procurando. Ele parecia muito melhor do que eu nesse negócio de compras, e me peguei sentindo um pouco de inveja disso.

– Por que você disse que não gosto de fazer esse tipo de coisa? – perguntei lentamente.

– Bem, por que todo ano as suas filhas devolvem o formulário dos pais para eventuais voluntários e você sempre marca "não interessado" quando se trata de ser monitor.

– Ah, é verdade – respondi gentilmente, presenteando-o com a minha expressão "Eu nunca sequer *ouvi* falar de tal formulário". – Então, quer dizer que todo ano ele é devolvido pelas minhas filhas?

– É isso.

Digo a ele que ficarei contente em ser monitor no baile do colégio daquela noite. Esqueço-me de informar isso às minhas filhas, que já estavam experimentando trajes inadequados quando cheguei em casa.

– Você acha que isto é bem fino mesmo? Quero parecer que estou quase nua! – posso imaginá-las dizendo.

Eu cheguei ao ginásio antes das garotas, sentindo-me absurdamente nervoso. Um grupo de adultos acenou para mim.

– Olha, não quero qualquer heroísmo hoje. – o diretor estava dizendo – Se os garotos começarem uma briga, chamem a segurança. Ninguém tente apartá-la.

– E se houver beijo?

O diretor deu de ombros.

– Realmente, não podemos impedir isso.

– Quero dizer beijo na boca.

– Certo.

– Entre um garoto e uma garota, eu quero dizer.

– Entendo, sr. Cameron. Realmente, não podemos impedir isso.

– Quero dizer, e se minhas filhas fizerem isso?

Todos os adultos riram, como se eu tivesse contado uma piada. Franzi as sobrancelhas diante da atitude inconveniente de meus colegas monitores. Ficou claro que eu mesmo teria que impedir todos os comportamentos inaceitáveis.

Nós formamos pares, os novatos se juntaram aos veteranos mais experientes. Eu fiquei trabalhando com a srta. DeKeyser, uma professora de biologia que foi descrita por minhas filhas, repetidas vezes, como uma "solteirona" e "uma senhora idosa que nunca se casou e agora é tarde demais".

Ela tinha 30 anos.

Como se tivesse tocado um sinal, os jovens começaram a fluir pelas portas. Fiquei com a srta. DeKeyser no patamar da escada, supervisionando o saguão que separava o ginásio da ala acadêmica, para deter qualquer jovem que tentasse passar para outras partes da escola.

Rapidamente, os sistemas sociais foram estabelecidos. Um grupo de garotos se separou dos outros e sentou-se ao longo da parede do saguão, concentrando-se nos videogames de mão. Eles nunca sequer olhavam para cima, como se o mero contato visual com uma garota fosse causar um "erro geral de proteção".

Outro grupo de garotos juntou-se a uma turma mais turbulenta bem na entrada da escola, empurrando-se e rindo alto. Da segurança de seu círculo, eles chamavam as garotas que passavam, que enrubesciam e mastigavam nervosamente seus colares.

As garotas formaram uma desordem incontrolável no centro do saguão e conversaram animadamente sobre alguma coisa que discutiram ao telefone o dia todo. Elas pareciam uma manada de búfalos da Índia formando um círculo protetor contra predadores.[1]

---

1 N.A.: Olha, não estou dizendo que a filha de ninguém se parecia com um búfalo. Eu apenas quis dizer que o *comportamento* delas me lembra um programa de tevê a que assisti sobre como essas criaturas gigantescas de quatro patas formariam um círculo, com os chifres para fora, para repelir leões e outros perseguidores de bisões.

Quando minha esposa ler isto, sei que ficará brava. "Porque você as chamou de búfalos da Índia?" – ela vai querer saber. "O que vou dizer à mãe da Carol? Você não podia citar um animal mais gracioso, como uma gazela?"

Bem, lamento, mas não havia gazelas no programa. E não posso ver todos os documentários que passam na tevê só para não machucar os sentimentos da Carol.

E *havia* os predadores, lobos solitários circundando de forma esfomeada, procurando uma fraqueza. A essa altura, as defesas pareciam fortes, mas eu sabia que, conforme a noite prosseguisse, aquele tecido social de cada grupo de garotas, costurado bem firme, começaria a desfiar, deixando as que estavam no perímetro vulneráveis ao ataque.

– Por que se preocupar em decorar o ginásio se todos só circulam por aqui? – perguntei à srta. DeKeyser.

– Eles vão para lá quando começar a música – ela avisou.

Vi minhas filhas entrarem pela porta da frente e imediatamente se separarem, como se chegarem juntas até a escola fosse mais exposição do que elas podiam agüentar. Minha filha mais velha dirigiu-se à sua panelinha, reunida bem no centro do saguão para que as pessoas percebessem que elas ignoravam todo mundo que não fosse do grupo. As meninas a cumprimentaram com altos gritos de felicidade, como se ela estivesse retornando da descoberta da China. Ficaram pasmas com o vestido dela e insistiram para ver seus brincos. Elas até se abraçaram: é para um comportamento como esse que a palavra "ridículo" foi inventada.

Minha filha mais nova encontrou sua turma recostada contra o muro, no salão fora do ginásio, e foi juntar-se a ela em uma comunhão mal-humorada. As pessoas registraram sua chegada com as reações mais imperceptíveis, um ajuste pequeno e rangente em suas feições rabugentas. Estava claro que todos ali tinham um pacto de não se divertirem naquela festa sob qualquer circunstância.

Eu disse à srta. DeKeyser que voltaria em um instante e desci as escadas para dar um "oi".

Quando minha filha mais velha me viu, seus olhos saltaram. Ela instantaneamente afastou-se da manada, a qual caiu em um silêncio melancólico enquanto ela avançava sobre mim.

– O que você está fazendo aqui? – ela sussurrou, tentando falar comigo sem mexer os lábios.

– Sou um monitor.

– Um *o quê*?

– Você sabe! Não se lembra daquele formulário que preencho todos os anos?

Ela olhou para o salão.

– Pai, você tem de ir embora *já*. Todas as minhas amigas estão aqui.

– Ah, bom, porque você não me apresenta a elas?

– Não! Por que está fazendo isso comigo? Você está arruinando tudo!

– Não reconheço ninguém ali. Bem, com exceção da Carol, que está sempre chorando porque ela e o Rafael terminaram.

Ela me encarou.

– Como você pode ser tão cruel? A Carol e o Rafael terminaram esta tarde. Ela está arrasada.

– Ah! Tenha dó.

– Pai, se não sair neste exato minuto, nunca mais falo com você pelo resto da minha vida! Eu juro.

– Como você vai me pedir dinheiro sem falar comigo?

– Pai!

– Por que você está tão embaraçada com a possibilidade de que seus amigos me vejam? Você disse a eles que seu pai é o Warren Beatty ou algo assim?

– Quem?

Eu concordo, para o bem da posição social de minha filha, em não ir até lá me apresentar como pai dela. Eu não falaria com minha filha a noite toda ou diria "oi" para a Carol, muito menos faria contato visual com qualquer uma de suas amigas ou amigos. Tentaria me manter tão discreto quanto possível. Se alguém viesse me perguntar, deveria negar que encontrei com minha filha.

Minha filha mais nova ainda estava encostada no muro. Ela revirou seus olhos quando me viu aproximar-se, mas não tentou fugir.

– Oi!

– Então você é um monitor – ela declarou.

– Certo, isso deve ser divertido!

– Esta festa é uma droga.

Eu não estava certo do que dizer disso.

– Por que você não vai ao ginásio? – sugeri.

Ela virou seu olhar para mim. Eu, sem dúvida, não entendi. Dei de ombros e fui me juntar à srta. DeKeyser.

A banda aumentou o volume e as pessoas começaram a passar do saguão lotado para o ginásio. O estilo de música que estava sendo tocado era algum tipo de rock pauleira ultra-alto. A srta. DeKeyser e eu nos limitamos a sorrir e acenar com a cabeça um para o outro.

Descobri que tenho uma habilidade natural para o que chamo de um "cara de monitor". Quando um casal saía da pista de dança e se escondia debaixo das escadas na entrada, eu ia lá e mostrava minha cara fechada, e imediatamente eles se separavam do abraço. Encantado, eu ia até o banheiro masculino e aplicava a mesma expressão nos garotos que fumavam ali, que jogavam fora os cigarros e saiam apressados.

– Estou me divertindo! – gritei para srta. DeKeyser, que sorriu e concordou, sem ouvir uma palavra.

A Carol começou a dançar com o Rafael, enviando uma onda palpável de alívio para as amigas de minha filha. Sua guarda então relaxou, elas estavam despreparadas para o ataque coordenado de uma pequena matilha de garotos, que surgiu e organizadamente dividiu a manada em duas. Prendi minha respiração em pânico enquanto via minha filha mais velha, sozinha e indefesa, virar-se para encarar um ataque repentino de um lobo solitário que percebeu a oportunidade e veio galopando pelo salão. Abri minha boca para gritar um aviso, mas percebi que nunca seria ouvido com toda aquela agitação que a banda estava fazendo.

Ela não teve tempo de reagir. Depois de uns poucos instantes, estava sendo levada para a pista de dança, e o restante da manada estava tão desligado que nem percebeu sua partida.

No fim da "música", esperei ansiosamente na lateral do ginásio, mas não havia sinal dela. A música ressoou de novo, algo chamado "Ode à Eletrocução". Uma grande quantidade de energia jorrava da pista de dança, com todas as garotas dançando de maneira inadequadamente provocativa.

A srta. DeKeyser encontrou alguém para fazer sentinela na escada e, então, juntou-se a mim.

– Dou aula para suas duas filhas – ela gritou para mim. – São garotas muito simpáticas. Muito conscientes.

Eu sacudi a cabeça.

– Eu sou Bruce Cameron! – gritei de volta, esperando que ela não ficasse muito embaraçada por ter me confundido com outra pessoa. Ela apenas acenou com a cabeça.

Outra música, essa mais calma e lenta. Espiei de maneira frenética ao redor da pista de dança, localizando, por fim, minha filha em um canto escuro. Ela e o garoto que a havia raptado pareciam estar se abraçando.

– Já volto – prometi à professora de biologia.

Desloquei-me para o canto, fingindo não perceber minha filha, como se fosse por acaso. O olhar que ela me deu sobre o ombro do garoto poderia queimar uma roupa de amianto. Tentei mostrar-lhe a minha cara de monitor, mas ela nem deu bola. Puxou seu parceiro de dança, fazendo um círculo, e ficou de costas para mim.

Isso não estava levando a lugar algum. Andei a esmo por um momento, esperando acabar com aquela agarração através de uma simples proximidade familiar, mas eu estava lutando contra um magnetismo forte demais.

Hora de medidas mais enérgicas. A banda passou para um ritmo mais rápido e voltei à srta. DeKeyser.

– Você gostaria de dançar? – perguntei. Ela riu e concordou com a cabeça, e eu a levei, por coincidência, para perto de onde minha filha estava se agarrando com o garoto.

Tenho um quê de dançarino natural, que pode se mexer com a música não importa qual seja o estilo, mesmo que a banda pareça estar destruindo suas guitarras sistematicamente. Comecei a inventar passos, o que sempre achei ser a técnica mais eficiente, balançando os braços, e, francamente, eu estava me divertindo.

Meu prazer cresceu de maneira imensurável quando minha filha finalmente me viu. Ela parou completamente, com o rosto congelado em uma expressão de horror. Sim, sou eu, seu pai, dançando com a professora de biologia. Na próxima vez, talvez eu dance com a de matemática ou história.

Ela deu uma olhada no ginásio e eu segui seus olhos.

–Ei, Carol! Oi! – gritei, bem naquele instante, improvisando um passo de dança "Olá, Carol". A Carol também parou, me dando um olhar de monitor.

Sem aviso, minha filha fugiu da pista de dança, deixando seu "companheiro" parecendo maravilhosamente perplexo. Ele me olhou nos olhos e dei de ombros, encarando-o com uma expressão de homem para homem, que claramente declarava: "Bem, é assim que são as mulheres. Você nunca as entende. E nunca irá vê-la de novo. É melhor esquecê-la completamente e ir procurar a filha de outra pessoa para apalpar.

Quando a música terminou, a srta. DeKeyser sugeriu que sentássemos, pois, aparentemente, eu estava quase tendo um ataque cardíaco. Não havia sinal das minhas filhas – mais tarde descobri que elas foram forçadas a realizar uma seção de emergência das garotas Cameron, discutindo meu comportamento e, eventualmente, chegando à conclusão unânime de que precisavam fugir da cena imediatamente.

Sentado ali, contemplando o mínimo esforço que eu havia usado para tirar minha filha do perigo, percebi que tinha inadvertidamente inventado uma nova punição, uma humilhação tão severa que superava com facilidade não deixá-las sair de casa ou proibir o uso do telefone. Se minhas filhas me desobedecessem de novo, eu não teria de mandá-las para o quarto ou confiscar a chave do carro. Tudo que eu precisaria fazer era ameaçar ir em outra dessas festas e dançar com a professora de biologia.

Conclusão

Minha esposa muitas vezes me pergunta o que eu "tenho contra" as festas de adolescentes, algo que ela descreve para mim como "naturais". Tornados são naturais, observo em resposta; isso os torna uma coisa boa? Incêndios florestais são naturais. Da mesma forma, são as erupções vulcânicas e os engarrafamentos. Apenas porque algo é natural não significa que não devemos tentar impedir que aconteça.

As festas são como aceleradores de partículas, pegando moléculas excitadas e juntando-as para formar quarks ou, ainda pior, bebês. Se duvida do que estou dizendo, pergunte a um físico nuclear.

Suas filhas não precisam ficar mais excitadas do que já são. Elas não precisam se encontrar com partículas-garotos ou dançar com elas.

Meu conselho: tão logo sua filha comece a voltar das festas sem um chapéu engraçado ou brindes baseados em personagens de desenho animado, proíba-as de freqüentá-las. É sua responsabilidade que ela não seja exposta a mais diversão do que o necessário. Você é o pai.

Aprendendo a Dirigir

Um Capítulo para Quem Acha Que Você Perde Mais Sono com um Bebê em Casa do Que com uma Adolescente Fora com Seu Carro

Embora nunca tenham feito um teleton para arrecadar fundos e tratar disso, algo trágico acontece com as pernas de sua filha quando ela vira adolescente, tornando-as incapazes de desempenhar seu propósito primário de andar à toa. Os sintomas iniciais dessa síndrome debilitante incluem uma exigência gritante de que ela seja transportada à biblioteca, ao evento esportivo e à porta da vizinha ao lado, seguida de perto por um pedido de que você a ensine a dirigir. Em seus estágios finais, a síndrome manifesta-se como uma exigência de que o pai compre um carro para a filha.

A maioria dos estados permite às adolescentes possuírem uma carta de aprendiz em algum momento próximo dos 16 anos[1]. Uma carta de aprendiz é um documento legal que permite a uma adolescente aterrorizar um pai sem medo de processo.

Os pais, muitas vezes, acham que são os mais qualificados para ensinar suas filhas a dirigir, mas eles estão errados. Pais nunca devem tentar ensinar suas filhas a dirigir, pois eles se importam de mais com (*a*) seu carro e (*b*) sua vida.

Para começo de conversa, por que suas filhas adolescentes precisam aprender a dirigir? Dirigir apenas significa que elas têm a capacidade de ir para lugares aos quais você não gostaria que elas fossem. E, com certeza, se sua filha não venceu o desafio de arrumar o quarto, controlar algumas dezenas de quilos de metal sobre rodas está bem acima de suas capacidades. Meu conselho é manter sua filha adolescente ao alcance de sua audição, porque os anos da adolescência são tempos difíceis, e as instruções contínuas de um pai são essenciais para se manter o comportamento dentro dos limites apropriados.

---

[1] N.T.: O capítulo faz referência a particularidades das normas norte-americanas em relação ao assunto.

Se você precisa de algo mais para se convencer, permita-me contar o que aconteceu quando (antes que eu soubesse que não deveria fazer isso) tentei ensinar minha filha mais velha a dirigir.

Uma História Real sobre Risco Físico

Em uma ridícula falha de julgamento, a legislação do estado onde vivo decidiu que 15 anos e meio é idade suficiente para ficar atrás do volante de uma máquina capaz de gerar uma força de mais de uma tonelada e direcioná-la para outras pessoas. A lei também requer que um adulto esteja sentado ao lado do novo motorista, gritando de medo. (Essa última parte não é ordenada pelo estatuto, mas parece apropriada por causa das circunstâncias.)

Quando ocorreu o "aniversário" de 15 anos e meio de minha mais velha, ela pulou da cama mais cedo, tomou banho, vestiu-se e não foi para a escola. Aos poucos, fui percebendo a presença dela do outro lado do meu jornal, batendo os dedos impacientemente sobre a mesa. Franzi as sobrancelhas e ela me deu um sorriso deslumbrante.

– Pronto para ir? – ela perguntou com um ar feliz.

Aparentemente, o Dia da Carta de Aprendiz é um feriado nacional.

– Você não tem escola hoje? – perguntei.

– Hoje? Eu tiro minha carta de aprendiz hoje – ela explicou.

– Você não vai faltar à escola só para tirar sua carta de aprendiz – discordei.

Isso resultou em uma gritaria histérica de cinco minutos, que pode ser traduzida por algo como "Oh, sim, eu vou". Ela referiu-se a todas as suas amigas, cujos pais, evidentemente, *as* amavam o suficiente para deixá-las faltar à escola para tirar *sua* carta, também alegou que eu havia *prometido* que a levaria (o que falei foi "Vamos ver") e que "Minha mãe disse que eu podia", algo que não era possível checar, pois minha esposa estava, naquele momento, a caminho de uma reunião.

Medindo a emoção que vinha até mim por cima da mesa do café da manhã, decidi que poderia ou me render nesse ponto ou ser atacado de uma maneira semelhante, todas as manhãs, pelo resto da semana. Suspirando, coloquei minha xícara de café na mesa e concordei em levá-la até o departamento de trânsito. Isso me valeu um gritinho alegre e um rápido beijo na bochecha – havia um tempo, me lembrei com tristeza, que minha filha me beijava apenas por ser seu pai sem ter de fazer algo para *merecer* isso.

No entanto, decidi virar a situação a meu favor – um dos truques que aprendi como pai de uma filha adolescente.

– Antes de irmos, você vai ter de arrumar seu quarto.

– *O quê?*

Posso imaginar o que ela estava pensando: levaria setenta e duas horas para um grupo de quatro faxineiras limpar aquela bagunça. Voltei ao meu jornal:

– Você ouviu.

Quinze minutos depois, ela estava pronta para ir. Uma inspeção cética do quarto revelou que ela, de alguma forma, tinha cavado toda a bagunça que lotava o chão e amontoado de lado. Eu estava impressionado, e disse isso a ela. (Foi só no final de semana que descobri que ela havia colocado tudo em malas e guardado no sótão.)

Embora os temas de biologia, história, inglês e matemática nunca tivessem sido muito interessantes para minha filha, ela gastou horas incontáveis examinando o manual da auto-escola, e foi despejando informações conforme eu dirigia para o departamento de trânsito. "Se você tiver um objeto, como uma escada saindo mais do que um metro e meio da parte de trás do carro, é exigido por lei que amarre uma bandeira vermelha nele", ela avisou, como se estivéssemos tendo uma conversa normal. "Ao se aproximar de uma manada na estrada, você deve parar o carro totalmente. Ao sair da estrada, estacione de maneira que o carro fique mais de 40 centímetros distante do fluxo do tráfego."

– Quando a filha adolescente não fica quieta, amarre a sua boca com uma bandeira vermelha e largue-a no meio de uma boiada – comentei. Ela riu com uma espécie de alegria maníaca que só pode ser experimentada pelos verdadeiros psicóticos.

No departamento de trânsito, eu parecia ser a única pessoa a ver um presságio quando perguntaram à minha filha se ela queria ser doadora de órgãos. Essa é uma pergunta que se faça com o pai ali do lado, já tão derrubado pelas dúvidas a ponto de parecer estar usando grilhões? (Eles não *me* perguntaram se eu queria ser doador de órgãos; muito embora eu fosse um dos que estariam andando no carro com a causa da doação. Talvez imaginassem que todos os meus órgãos estariam destruídos demais para ser útil a qualquer um.)

Minha filha fez o teste escrito e, pelo jeito, passou – talvez tenha havido muitas questões sobre amarrar bandeiras vermelhas em coisas. Ela recebeu a carta de aprendiz, um pedaço de plástico com sua foto e a frase "Coitados dos seus pais". A menina pulou para o carro e deslizou sobre o assento do motorista.

– Ei! O que você está fazendo? – exigi saber.

– Vou dirigir!

– Não, você vai de carona. Eu vou dirigir.

– Mas já tenho a carteira provisória!

– E eu tenho um cérebro. Não iremos fazer sua primeira lição "Como se misturar no tráfego pesado". Se fizermos isso, sua segunda lição será "Como chamar uma ambulância". Vamos voltar para o nosso bairro e você pode ter nosso primeiro acidente de carro lá, onde os limites de velocidade são menores.

Ela cruzou os braços e ficou de cara feia o caminho todo, mas alegrou-se quando chegamos perto de casa.

– Agora? – ela perguntou.

– Isso – eu suspirei. Saímos do carro, contornamos a parte de trás e, enquanto andávamos para trocar de assento, esbarramos um no outro. Ela deu um risinho, mas assumi isso como outro sinal agourento. Olhei para o céu, onde abutres circulavam pacientemente.

– Certo – eu disse, colocando o cinto de segurança e respirando fundo – nós estamos em ponto morto.

– Eu sei.

– Coloque o pé no pedal do breque...

– Eu sei.

– E, com cuidado, mude a marcha para a primeira. É onde você começa.

– Eu sei.

– Pise devagar no acelerador. Eu disse *devagar*... reduza! Pare! Pare!

— Pai, poderia me deixar dirigir? Você vai me fazer bater – ela disse asperamente.

Fiz um movimento de cabeça, com cuidado, para ter certeza de que a rápida aplicação da força de aceleração não fraturaria nenhuma das minhas vértebras. Nós nos movemos dois metros, dando uma batidinha, de raspão, na lata de lixo vazia do vizinho antes de o carro parar guinchando. Suspirei, perguntando-me se não havia uma maneira de inflar o air bag *agora*, apenas como uma precaução extra.

— Você saiu um pouco rápido – eu disse a ela.

— Eu sei.

— Bem, você pode, por favor, dirigir mais devagar?

Com tristeza, ela colocou o carro em segunda. Pelo visto, era muito ofensivo fazê-la entender que, depois de quatro segundos de direção, ela não era uma especialista no processo todo.

— É isso – encorajei. Nós estávamos nos movendo em uma linha razoavelmente reta, com a esquina logo à frente. – Certo, agora, vamos ter que reduzir a velocidade. Ligue a seta e vire à direita. Certo, ligue a seta. Devagar, querida. Devagar. Você está... Pare! Pare!

Dores agudas atraíram a minha atenção para meu pé direito, que estava tão fortemente pressionado contra o chão do carro que eu corria o risco de perfurar até o compartimento do motor.

— Você está fazendo a curva rápido demais – eu disse com paciência.

— Bem, isso não é razão para gritar comigo! – ela reclamou.

— Só gritei porque fiquei preocupado quando dirigimos no gramado dos Goldsteins, e pensei que fôssemos acertar o portão da frente.

— Não é minha culpa!

— Certo, o quintal pulou na sua frente. – Sarcasmo, seu nome é pai.

— Se você não estivesse gritando, eu não estaria tendo dificuldades.

— Certo. Vamos levar isso um pouco mais na boa. Temos uma longa e reta rua na nossa frente agora. Passe para o nosso lado da rua e proceda com cautela – sugeri, limpando o suor da testa. Acenei para a sra. Goldstein, que estava observando da janela da frente, provavelmente perguntando-se por que estávamos passeando sobre o gramado.

Por mais de um minuto, continuamos sem incidentes, e gradualmente comecei a destravar a tensão que havia se alojado em cada músculo do meu corpo.

– Aí vem um carro – a voz dela anunciou de repente, concentrada no veículo que se aproximava. Sua voz tinha a agitação características de uma pessoa que percebeu que está sendo perseguida por um urso cinzento.

– Está tudo bem – eu a tranqüilizei, deliberadamente tirando a mão da maçaneta para não ficar tentado pular para fora do carro. – Você está vendo como a rua é larga: vamos apenas dar algum espaço para que ele possa passar. Querida, saia, abra um pouco de espaço. Saia do meio da rua. Abra espaço. Saia do caminho! Certo, saiu demais. Demais! Pare! Pare!

Nós voltamos à parada.

– Vamos apenas parar aqui, por um momento, até que as batidas do meu coração voltem ao normal – sugeri.

– Não foi minha culpa. Afinal, por que as pessoas colocaram as latas de lixo na calçada hoje?

– Talvez – e é só uma teoria – mas talvez porque seja o dia do lixeiro passar.

– Pare de gritar comigo. Não é minha culpa. Você só fica me dizendo para parar! Como vou aprender a dirigir se só fica me dizendo para parar!

– Parar também é parte de dirigir. Na verdade, depois de dirigir com você hoje, eu diria que essa é a *parte* mais importante para dirigir.

Ela cruzou os braços e olhou para o outro lado.

– Devemos encerrar o exercício de hoje com histeria?

– Não, apenas quero dirigir sem você me dizer nada.

– Mesmo prisioneiros condenados têm direito a um último pronunciamento antes de serem executados – observei. Ficamos em silêncio por uns instantes. – Olha, você sabe o que fez de errado?

– Nada! – ela respondeu asperamente.

– Bem, em primeiro lugar, você dirigiu um pouco rápido ali.

– Eu estava abaixo do limite de velocidade – ela contestou.

– Verdade, mas geralmente você deve se mover mais lentamente quando sai passeando pelo jardim de outras pessoas.

– Podemos prosseguir?
– Certo. Coloque o carro em movimento e vamos acertar mais algumas latas de lixo.

Ela me deu uma olhada mordaz antes de pôr a primeira marcha e prosseguir sem esforço. O resto do passeio ocorreu sem incidentes e, quando paramos na entrada da garagem, saí do carro com as pernas bambas.

Com as mãos na cintura, minha filha me observou enquanto eu beijava o chão.

– Muito engraçado – ela comentou.

Deixe com os Profissionais

Finalmente, lhe ocorre que não há razão lógica para você ser a pessoa que sentará ao lado da filha enquanto ela brinca de "boliche com latas de lixo". Há auto-escolas disponíveis, nas quais profissionais treinados, com nervos de aço, expõem seus carros a colisões diariamente.

Depois de minha filha ter completado um curso de quatro semanas na Auto-Escola do Grande Al e Empório de Branqueamento dos Dentes, concordei em dar uma volta com ela para medir seu progresso.

"Progresso", pelo jeito, é um termo relativo. Com certeza, minha filha tinha aprendido a dirigir *mais rápido*, voando pela vizinhança como se estivesse fugindo da polícia. Várias vezes, pacientemente, gritei para que ela diminuísse a velocidade, e, antes que meio quarteirão tivesse sido percorrido, eu já estava implorando para sair do carro.

O Grande Al havia ensinado várias coisas que eu não sabia. Fiquei intrigado ao descobrir que, por todos esses anos, usei erroneamente o breque sempre que me sentia diante de uma situação perigosa, como um carro me dando uma fechada. Pelo jeito, o novo raciocínio é que a buzina do carro representa uma alternativa muito mais sábia. Aliás, com uma aplicação liberal da buzina, os freios se tornam completamente supérfluos e, provavelmente, vão pelo mesmo caminho da manivela para dar partida no carro.

Minha filha também me demonstrou que o tráfego de pedestres na calçada é muito mais importante do que o fluxo de automóveis na rua. Quando ela descobre um grupo de garotos, imediatamente coloca o carro no piloto automático, esticando o pescoço, buzinando e acenando para eles enquanto o veículo em que estamos se move para qualquer direção que ele escolhe.

Mais notícias: vermelho significa pare, verde significa siga e amarelo significa "pé na tábua". Quando o carro da frente não coopera, acelerando a própria máquina para ultrapassar o farol (agora vermelho), você pode sempre usar a buzina. O breque só deve ser utilizado se todas as outras alternativas, incluindo passar por cima dos pedestres, tiverem sido tentadas.

O acelerador tem uma única gradação: pisado até encostar no assoalho do carro. Isso permite à minha filha ultrapassar um farol e correr com tudo até o próximo – ela está redefinindo o conceito de "desgaste".

Quando se trata de estacionar, ela aprendeu a localizar a posição certa sentindo as vibrações conforme o carro roça em outros objetos. Eu sou a única pessoa que conheço que tem um tipo de pintura "marrom enrugado" no automóvel.

Enquanto realizava todas essas manobras de parar o coração, minha filha estava ocupada conferindo sua maquiagem no retrovisor, abrindo papéis de bala e tagarelando sem parar com seu pai catatônico. Sua geração, obviamente, decidiu abandonar a "direção defensiva" em favor da "operação desatenta".

Não estou certo de que ela tenha aprendido algo no Grande Al mais do que aprendeu naqueles brinquedos do shopping em que um carro bate no outro o tempo todo – mais ao menos, o bom foi que consegui um cupom para um branqueamento gratuito dos dentes.

O Interior de um Motor de Combustão

Ao que parece, as salas de aula de hoje não ensinam mais o funcionamento interno de um motor de carro, acreditando que basta informar aos estudantes que o escapamento é o mecanismo responsável pelo aquecimento global. Portanto, cabe ao pai injetar alguma ciência no aprendizado de como dirigir, embora as adolescentes raramente queiram cooperar, preferindo acreditar que a solução para o conserto de um carro é comprar um novo.

– Eu nunca vou ter um pneu furado – minha filha desdenhou quando sugeri ensiná-la a trocar um.

– Mas isso pode acontecer. Você pode passar por cima de um prego – expliquei.

– Ou de um crocodilo com a boca aberta – meu filho concordou. Eu olhei carrancudo para ele.

– Então, eu chamaria o socorro mecânico – ela bufou.

– E se nós não tivermos socorro mecânico?

– Nós não temos *socorro mecânico*? – ela exigiu saber.

– Olha, vamos supor que seja uma noite escura e chuvosa. Você está dirigindo sozinha no campo, quilômetros longe de qualquer casa, e um pneu fura.

– Eu usaria o celular.

– Imagine que você não está com o celular.

– É ridículo dirigir sem um celular.

– Certo. Certo. Imagine que você está tão longe que seu celular está fora de área.

– E tem um cara com um machado perseguindo você – meu filho acrescentou, prestativo.

– Bem, eu é que não vou sair na chuva – ela ridicularizou.

– Certo – eu inspirei cuidadosamente. – Está bem, parou de chover. Agora, o que você vai fazer?

– Isso é estúpido. Para começo de conversa, por que eu estaria lá?

– Não sei. Sua mãe pediu para você ir a uma fazenda comprar alguns ovos frescos. Você se perdeu.

– Por que nós não compramos os ovos apenas na mercearia?

– Esses são ovos muito *especiais* – eu sugeri.

– Eles pesam dois quilos cada – meu filho interveio.

– Dois *quilos*? – minha filha respondeu incrédula.

Eu encarei meu filho.

– Bem, você disse que eles eram especiais – ele respondeu se defendendo.

– Estou certa de que a mamãe não me pediria para pegar ovos à *noite* – minha filha resmungou.

Minha esposa colocou sua cabeça para dentro da sala.

– Sobre o que vocês estão falando?

– Meu pai diz que precisamos de ovos – minha filha respondeu.
Minha esposa franziu as sobrancelhas.
– Não, nós não precisamos.
– Eles são ovos *mágicos* – meu filho explicou.
– O quê?
– Não são mágicos – eu corrigi. – Eu disse "especiais". Estou ensinando nossa filha a trocar um pneu.
– Bem, e o que é que ovos têm a ver com trocar pneus?
– Esqueça os ovos! – gritei exasperado. – Vamos nos concentrar no pneu furado, por favor?
– Como vou saber se o pneu está furado?
– Ahá! – gritei. Meus filhos piscaram de surpresa. Finalmente, uma pergunta relevante!
– Bem, se for um pneu da frente, a direção ficará toda mole. Se for um pneu de trás, você ouvirá um som de pancada ou uma vibração contínua.
– Eu apenas continuaria dirigindo.
– Bem, não, você não iria querer fazer isso. Se continuar dirigindo com um pneu furado, o aro vai cortar a borracha.
– Bem, isso tudo é estúpido.
– Você deve parar no acostamento da estrada.
– No escuro? No campo? Você quer que eu seja morta? Pode haver um assassino com um machado!
– Ou uma galinha gigante! – meu filho exclamou alegre.
– Não há assassinos.
– Bem, eu continuaria dirigindo até chegar a uma loja ou algo assim.
– Isso arruinaria o pneu.
– Eu não me importo. Em primeiro lugar, esse pneu idiota não deveria ter furado. Não é minha culpa.
– O que você tem de fazer é parar o carro no acostamento e trocar o pneu.
– Bem, não vou fazer isso.
– Você terá de fazer.
– Simplesmente não vou a lugar algum fora do alcance do meu celular.

– Algumas vezes, os telefones celulares falham. As baterias acabam por causa do excesso de conversação.

– Puxa! A gente *realmente* precisa de mais baterias para o celular – ela concordou.

– Ei! Você não tem uma extra.

– Então, não vou ao campo comprar ovos gigantes sem o Ricardo.

– Eu... Quem diabos é Ricardo?

– Ele é um cara.

– Percebi. Mas o que ele tem a ver com isso?

– Pai, ele sabe tudo sobre carros, e está sempre querendo me levar para dar um passeio.

– Mas você sabe que nunca deve andar de carro com estranhos – alertei.

– Pai, ele não é um estranho, ele é o *Ricardo*.

– Ele pode ser aquele assassino com um machado – observei.

– Bem, pelo menos, ele sabe como trocar um pneu.

Eu pensei sobre meu cenário – minha filha fora, no meio do nada, em uma estrada do campo. À noite, na chuva.

Com o Ricardo.

– Deixa para lá. Você deve apenas ligar para o socorro mecânico – suspirei.

– Posso ir brincar agora, pai? – meu filho quis saber.

Conclusão

Os pais muitas vezes se convencem de que ter mais um motorista na família é muito bom, coisa que os vendedores de seguro concordam. Enquanto estiver assinando cheque para o seguro do carro e para os gastos com a gasolina, você estará dizendo a si mesmo que isso é muito mais do que uma comodidade, já que agora que sua filha está disponível para ir às compras no sou lugar (ou para ir ao campo buscar alguns ovos especiais direto da fazenda, o que insisto que é uma atividade completamente lógica).

E, durante os primeiros meses depois que o governo confere a sua filha o direito legal de dirigir, você a achará quase irritantemente disposta a buscar coisas para você. "Precisa que eu pegue a roupa na lavanderia? Precisamos de leite?", ela pressionará, até que você seja forçado a pedir algo apenas para que ela o deixe sozinho. "Vá pegar alguns ovos da fazenda", você dirá.[2]

As adolescentes vão negar a você até mesmo a autoridade de impedi-las de dirigir. Elas irão referir-se ao automóvel que você comprou, pagou manutenção e seguro como "o" carro. Não *seu* carro: *o* carro, como se não fosse seu tanto quanto o céu, o ar. Elas acreditam que qualquer compromisso social que tenham combinado supera qualquer controle que você queira ter sobre o local para onde o automóvel irá: Eu *tenho* de pegar o carro. Vou em uma festa!

Meu conselho é sentar e explicar que os pés delas ainda estão em bom estado de funcionamento e podem ser razoavelmente usados como um meio alternativo de transporte. Conte como era muito mais difícil quando você foi adolescente e precisava andar para quase todo canto – elas sempre gostam de ouvir sobre isso. Se necessário, confisque todas as chaves do carro e mantenha-as em seu poder. É seu direito: você é o pai.

---

[2] N.A.: Acho que devo explicar que minha esposa, inadequadamente, mostrou-se cética quanto ao fato de que eu iria mandar minha filha para a terra das galinhas gigantes no meio da noite para conseguir ovos frescos. O debate resultante – durante o qual eu não apenas tive de baixar uma lei, dizendo que, quando quero ovos frescos quero ovos frescos, mas também explicar para o meu filho que não, ele não podia ter uma galinha como bicho de estimação – levou tanto tempo que minha filha saiu da sala e teve de ser trazida para o restante da minha lição altamente instrutiva. Quando reconstruí o diálogo para este livro, deliberadamente cortei as reclamações de minha esposa, para que os leitores não pudessem ver como ela estava errada sobre os ovos.

Há 8 Regras Simples para Marcar um Encontro com Sua Filha Adolescente

Infelizmente, Ninguém Está Prestando Atenção a Elas

Falando em termos gerais, os pais são aconselhados a tomar a seguinte posição razoável quando se trata da questão das filhas namorarem: Não.[1]

Isso não acontece (como somos com freqüência acusados) porque não queremos que nossas filhas tenham alguma diversão na vida. Aliás, eu estaria mais do que disposto a gastar horas e horas com minhas filhas, relatando histórias instrutivas e inspiradoras sobre minha infância. Isso é que é diversão!

Nós podemos também experimentar a alegria com o jogo Eu Atendo! (um dos preferidos das adolescentes, no qual a filha adolescente reage ao toque do telefone gritando: "Eu atendo" e derruba cadeiras, tevês e avós para atender primeiro).

O que *não* quero é minhas garotas brincando de qualquer variação do jogo "Vamos Apalpar". Não vejo valor algum em ter um garoto adolescente praticando sua coordenação entre o olho e a mão em uma das minhas filhas. Você vê, me lembro dos meus anos adolescentes, uma época da vida em que dizem que a função sexual do homem está em seu ápice. (Embora eu nunca vá entender como eu poderia estar no "ápice" de algo que nem estava *fazendo*.) Desse jeito, é como nós, pais, sabemos que não existe essa coisa de "bom" garoto adolescente.

> **Esposa**: Ele ganhou o Prêmio Nacional de Ciência, quer ser pediatra e, na semana passada, puxou aquela família daquele trem em chamas. Ele é um garoto tão bom. Você não acha que seria ótimo se nós o convidássemos para o jantar?
>
> **Eu**: Ele é castrado?
>
> **Esposa**: É claro que não!
>
> **Eu**: Então, não.

---

1 N.A.: Um direito mais suave é: Não até que eu esteja morto e enterrado por, pelo menos, três dias.

Realmente, "trem em chamas" é exatamente como parece ser um garoto adolescente. Por que eu gostaria de ter algo assim em minha casa?

É claro, a reflexão sobre essa pergunta implica que eu tenho escolha nessa questão. Na minha família, só tenho voto em tais assuntos se eu estiver em acordo com minha esposa, que acha não haver problema em completos estranhos chegarem na minha porta e retirarem uma das minhas filhas da minha proteção, por horas a fio, sem nenhum deles estar usando uma coleira com sinais de rádio ou qualquer outro dispositivo razoável de rastreamento.

– Você não se lembra de quando tinha essa idade? – ela pergunta de maneira condescendente.

É claro que me lembro. Esse é o ponto. Mas, quando eu estava no colegial, costumava ter *pavor* do pai da minha namorada. Ele abriria a porta e, imediatamente, fazia uma amável expressão assassina, oferecendo a mão para um cumprimento que, quando ocorria, parecia ser capaz de transformar carbono em diamante, tamanha era a pressão. Agora, anos depois, lembrando-me de quanto fui injustamente perseguido quando ia pegar minhas namoradas, faço o melhor que posso para que os pretendentes de minhas filhas sintam-se ainda pior. Meu lema: esmoreça com eles na sala de estar e eles ficarão esmorecidos o resto da noite.

– Estou tão feliz de te ver – direi sinceramente. – Eu temia que mais nenhum garoto fosse querer sair com minha filha depois do que fiz para o último.

Como um pai, tenho algumas regras básicas, as quais foram talhadas em duas placas de pedra que estão em exposição na sala de estar.

As 8 Regras Simples para Marcar um Encontro com Sua Filha

Regra Número 1
Se você parar na minha porta e buzinar, é melhor que esteja entregando um pacote, porque pode ter certeza absoluta de que não vai levar nada.

Regra Número 2
Não toque em minha filha na minha frente. Você pode olhar para ela, contanto que não espie nada abaixo do pescoço. Se não puder manter seus olhos ou mãos longe do corpo da minha menina, irei removê-los.

Regra Número 3
Estou ciente de que é considerado elegante garotos da sua idade que vestem as calças tão largas que parecem estar caindo da cintura. Isso é completamente ridículo – se quer ter estilo, você devia me procurar para receber dicas. Eu tenho me vestido da mesma maneira por vinte anos e ainda pareço ótimo!

Apesar de tudo, quero ser justo e compreensivo sobre esse assunto, então proponho um compromisso: Você pode vir à minha porta com a roupa íntima aparecendo e as calças dez números acima do tamanho normal que não farei objeções. No entanto, para garantir que suas roupas não caiam durante o seu encontro com minha filha, pegarei meu grampeador elétrico e prenderei suas calças bem firme em volta da cintura.

Regra Número 4
Estou certo de que já lhe disseram que, no mundo de hoje o sexo sem utilizar um "método de barreira" de algum tipo pode matá-lo. Deixe-me elaborar: quando se trata de sexo, eu sou a barreira, e *eu* irei matá-lo.

Regra Número 5

Você pode achar que, com o objetivo de conhecermos um ao outro, possamos falar sobre esportes, política e outros assuntos do cotidiano. Por favor, não faça isso. A única coisa que preciso de você é a informação de quando trará minha filha para casa em segurança, e a única palavra sua que quero ouvir sobre esse assunto é "cedo".

Regra Número 6

Não tenho dúvida de que você é um sujeito popular, com muitas oportunidades de sair com outras garotas. Isso não é problema para mim, contanto que não seja problema para minha filha. Caso contrário, uma vez que saia com minha garotinha, continuará a sair até que ela tenha terminado com você. Se você a fizer chorar, *eu* farei *você* chorar também.

Regra Número 7

Enquanto você aguarda no saguão de entrada, esperando minha filha aparecer, e mais de uma hora se passar, por favor, não fique suspirando e tamborilando os dedos. Se você quisesse não se atrasar para o filme, não deveria estar namorando. Em vez de apenas ficar aí parado, por que não faz algo útil, como trocar o óleo do meu carro?

Regra Número 8

Alguns lugares não são apropriados para um encontro com minha filha: lugares onde há camas, sofás ou qualquer coisa mais macia do que um banco de madeira; lugares sem pais, policiais ou freiras; lugares onde há escuridão; lugares onde há pessoas dançando, de mãos dadas ou felizes; lugares onde a temperatura ambiente é quente o suficiente para induzir minha filha a vestir shorts, miniblusas, camisetas cortadas na altura das costelas ou outra roupa além de um macacão, suéter, uma parca de pêlos do lado de dentro com o zíper até o queixo. Os filmes com tema romântico ou sexual devem ser evitados; filmes que contêm serras elétricas não têm problema. Jogos de hóquei não têm problema.

Minhas filhas reclamam que ficam embaraçadas em descer as escadas e me encontrar tentando fazer com que seus paqueras recitem, de memória, essas oito regras simples. Eu também ficaria embaraçado – são apenas oito, pelo amor de Deus! E, para registro, *não* sugeri qualquer um desses bons garotos que tatuaria essas regras no braço dele caso não se lembrasse de alguma. (Eu conferi, e o custo é proibitivo.) Eu apenas disse que achava que escrever as regras no braço com uma esferográfica poderia ser inadequado – a tinta sai com água. (Eu falei do meu kit para queimar madeira como uma piada. Não sei por que todo mundo fez tanto caso sobre isso.)

Pensamentos de um Pai Razoável sobre o Toque de Recolher

O conceito de toque de recolher é bem simples: é o tempo designado, no qual o bom garoto que está saindo com sua filha deve levá-la de volta para casa ou ser sujeito a prisão. Sou um tanto compreensivo quando se trata do toque de recolher: contanto que o sol esteja no céu, estou disposto a aceitar um toque de recolher um tanto tarde. (Essa regra naturalmente muda durante o horário de verão.)

As adolescentes não compreendem o propósito do toque de recolher, o qual não tem nada a ver com garantir que elas cheguem em casa em uma hora decente (ou, como elas insistem, para puni-las por "estarem vivas"). O único propósito do toque de recolher é permitir que você, o pai, durma à noite. Ainda assim, não importa se você exagera na reação quando suas filhas ficam fora até tarde apenas por ser cuidadoso, elas não parecem capazes de entender. É quase como se as adolescentes pensassem em algo além das Regras do Pai quando saem para um encontro!

Agora, fique avisado de que a única pessoa a quem sua filha *não* deve perguntar sobre o toque de recolher é a mãe dela. Quem sabe que resposta insana uma esposa dará à filha que pergunta a que horas deve estar em casa? Ainda pior, as mães, muitas vezes, não separam um tempo para explicar ao bom garoto o que acontecerá com ele se trouxer sua companheira para casa com um minuto de atraso que seja, enquanto o pai irá cuidadosamente esmiuçar as conseqüências, usando gestos de corte e estrangulamento com as mãos, a fim de que o jovem retenha uma imagem gráfica em sua mente. Isso pode ser muito útil para o bom garoto.

Apesar dos conselhos e demonstrações, todas as filhas vão experimentar violar o toque de recolher pelo menos uma vez. Esse é o "erro" no método de "tentativa e erro". Tendo eu mesmo passado pela experiência de esperar uma filha chegar de seu encontro, posso oferecer conselhos aos pais sobre o que fazer e o que não fazer em uma violação do toque de recolher.

O Que Fazer e o Que Não Fazer aos Pais Durante o Toque de Recolher

NÃO FAÇA Dormir. Vamos encarar, seria mais fácil dormir sendo lambido no rosto pelo seu cachorro do que tentar cochilar enquanto sua filha está fora depois do toque de recolher. Se você deitar na cama, acabará torcendo os lençóis, formando um casulo apertado que cortará a circulação em suas pernas e impedirá a respiração de sua esposa. Pior, ficar agitando-se no escuro faz com que sua mente vagueie por áreas às quais você, acredite, não quer que ela chegue. De repente, virá um pensamento: o garoto que saiu com sua filha tem uma semelhança incomum com Ted Kennedy. Uma revisão das Regras Simples para Marcar um Encontro com Sua Filha revelará o que você suspeitava há muito tempo: oito *não* são suficientes. Você se lembra de quando tinha 16 anos e de quanto espaço tinha para manobrar no banco de trás do Buick do seu pai – e quando você se lembrar de quais manobras estava tentando, entrará em um estado de alerta para o qual "insônia" é uma descrição totalmente inadequada.

FAÇA Ligar para o pai do garoto. Ei! Se você não está dormindo, ele não deve estar também. Se ele parecer um pouco presunçoso em relação ao fato de o filho ser o trem em chamas nesse cenário, refreie o seu humor dizendo que sua filha está com o vírus Ebola, ou, pior, está planejando concorrer ao Congresso – você quer mantê-lo concentrado em separar o filho dele de sua filha em todos os sentidos da palavra.

(Se você empregar essa tática, corre o risco de o pai nunca mais dar permissão ao filho para sair com sua filha. Eu devo avisá-lo, no entanto, que você não pode contar sempre com isso.)

NÃO FAÇA Contatar as associações de busca de pessoas desaparecidas para colocar a foto de sua filha nos cartazes. Liguei para esse pessoal e eles são totalmente inúteis, especialmente depois que começam a reconhecer sua voz. Eles têm alguma regra estúpida sobre uma hora ser cedo demais para ir a público.

Se você se lembrar sarcasticamente de que, se Paul Revere tivesse esperado uma hora para subir no seu cavalo e ir avisar o exército, em Pearl Harbor, que os ingleses estavam vindo, hoje estaríamos todos falando inglês britânico, eles fingirão que não sabem do que você está falando.

FAÇA Ligar para a polícia. Eles têm armas, spray de pimenta e cassetetes, os quais são de grande conforto quando você imagina os policiais conduzindo uma caçada humana para capturar o namorado de sua filha. Eles estão tão ansiosos para colocar helicópteros e cães de caça quanto você – é por isso que a maioria deles se tornou policial: pelos brinquedos. Esteja consciente, no entanto, que eles ficam um tanto irritados se disser que sua filha foi levada à força de casa e não for capaz de fornecer-lhes evidências de luta. Concentre-se nos fatos: um predador está prendendo sua filha contra sua vontade. E não deixe a polícia questionar sua esposa, que é capaz de vir com uma versão completamente falsa dos acontecimentos.

NÃO FAÇA Telefonar para os lugares que a filha disse que iria. Você vai descobrir os cinemas completamente relutantes em parar o filme e ligar as luzes para procurá-la. Os restaurantes vão se recusar em fazer uma evacuação e manter todos os clientes no estacionamento até que você chegue lá, e, quando liga para um show de rock, eles nem conseguem te *ouvir*. Essa falta de cooperação apenas aumentará seu nível de ansiedade até, mais ou menos, o mesmo nível da cena do chuveiro em *Psicose*.

FAÇA Entrar no carro e dirigir por aí procurando por ela. Você vai se sentir melhor se fizer *algo*. É ainda mais recompensador a expressão no rosto das amigas de sua filha quando você chega nelas e pergunta de maneira frenética se a viram. No dia seguinte, elas ligarão para sua filha e contarão tudo sobre o incidente, e sua filha ficará absolutamente mortificada. Essa punição parece ser ainda pior do que o fato de você colocá-la de castigo até que tenha 45 anos de idade.

NÃO FAÇA Acordar sua esposa. Ela vai acusá-lo de ser ridículo, o que apenas provará para você que ela não tem idéia do que está acontecendo. E daí que ela está apenas "cinco" minutos atrasada? Cinco minutos é *bastante* tempo – ela não se lembra da sua lua-de-mel?

FAÇA Praticar o que você vai dizer ao bom garoto quando eles chegarem. Não se preocupe sobre estar parecendo um homem louco: você é um homem e você está louco de raiva – como você deveria parecer?

A Formatura

Se os namorados de sua filha são como piranhas, devorando sua sanidade aos pedacinhos, a formatura é como um grande tubarão branco, consumindo completamente o seu bem-estar em uma única bocada. Por razões que devem estar ligadas aos cromossomos X, as mulheres acham que a formatura é a noite do ano em que todas as regras relacionadas ao toque de recolher, conduta e bom senso estão suspensas. Não é mais questão de que hora sua filha voltará para casa, mas em que *dia*.

Os garotos parecem ter toda a intenção de levar vantagem nesse relaxamento da vigilância familiar. Quando eu estava no colegial, todos os garotos da minha classe imaginavam que convidar uma garota para a formatura era bem próximo de levar uma para lua-de-mel, exceto que ninguém atirava um buquê e você não tinha de dançar com sua mãe.

Pondo lenha nessa fogueira está o vestido de formatura, um traje que você nunca daria permissão para sua filha usar, mas que deve pagar de qualquer jeito.

O Vestido de Baile

Um vestido de baile custa algo em torno de 75 a 200% mais do que você pode pagar. Quando eu estava no colegial, os vestidos de formatura consistiam, primariamente, de dois elementos: "laços" e "penugem". Eu me lembro de olhar o vestido de minha namorada e me perguntar se o corpo dela ainda estava lá entre toda aquela penugem hostil, e como eu poderia chegar nela através de centenas de metros de tecido. (Meus esforços foram, como acabou se revelando, um desperdício de atividade mental. Ela desapareceu no banheiro feminino, pouco depois de termos chegado, e apareceu apenas, ocasionalmente, para ver se eu ainda estava lá.)

Hoje, os vestidos de formatura consistem em "fendas" e "pele". Sua função primordial parece ser incendiar o trem, se entende o que estou querendo dizer. Se você toma medicação para o coração, não se esqueça de tê-la à mão na primeira vez em que sua filha desfilar no vestido de formatura para você. Sua esposa proclamará que o vestido é "fofo", o que mostra que não se deveria permitir às mulheres usar essa palavra. Para elas, cachorrinhos também são fofos. Sua filha no vestido de formatura não é como um cachorrinho. Quando você finalmente conseguir falar, provavelmente, terá uma conversa como esta com sua esposa:

> **Você:** Onde está o resto dele?
>
> **Esposa:** Você quer dizer a fita para o cabelo? Ainda não fomos capazes de encontrar uma suficientemente cara.
>
> **Você:** Eu quero dizer a roupa para o corpo dela! Lembro-me claramente de ter recebido a conta da compra de um vestido no cartão. Isso não é um vestido, é um anúncio para sexo.
>
> **Esposa:** Ah, fica quieto. É bonito.
>
> **Você:** Bonito? Você está se ouvindo? Acredito que o acompanhante dela estará vestido como um gigolô!
>
> **Esposa:** É um vestido encantador.
>
> **Você:** Não é perigoso mostrar tanto peito? Eu acho que o peito poderia ficar de fora um pouco por vez. Ela não vai pegar pneumonia?

Esposa: Não combina com os olhos dela?

Você: O quê, os seios? Os seios dela combinam com os olhos?

Esposa: Estou tão feliz por conseguirmos encontrar esses sapatos.

O Acompanhante de Formatura

Este ano, minha filha mais nova não vai à formatura, primeiramente, porque bati o pé e neguei a ela permissão para ir, e não porque ninguém a convidou, apesar de a minha esposa pensar isso.

Minha filha mais velha está, é claro, indo – se ninguém a tivesse convidado, acho que ela teria corrido até o casamento mais próximo, encontrado um homem com um paletó e o arrastado para a formatura (mesmo que fosse o noivo). Infelizmente, ela teve vários convites, o que significa que estamos todos sujeitos a um monólogo noturno chamado "Com quem devo ir à formatura. Deixe-me refletir sobre a minha lista de escolhas porque sou muito popular". Meu filho e eu aperfeiçoamos nossos barulhos de vômito para fazermos uma "música" de fundo apropriada para essa ladainha.

Ela assume que vou realmente gostar do garoto que escolheu porque ele tem um grande senso de humor. Como prova, anuncia que ele tingiu o cabelo de azul "apenas para ser estranho". Respondo que parece que ele realizou sua meta. Ah, ah, ah! Veja, você também tem senso de humor, minha filha brinca.

Agora, encontrei com o sr. Cabelo Azul. Ele parece vítima de uma explosão em uma joalheria: seu rosto é cheio de estilhaços – anéis e pinos por toda parte. Ele gosta de estender a mão e colocar um braço protetor em volta de minha filha, embora até onde eu saiba é *ele* quem precisa de proteção. Minha esposa quer saber se devemos servir canapés para os dois. Por quê? – eu pergunto. Não basta estarmos dando nossa filha a ele, também tenho de *alimentá-lo*? Ah, ah! – minha filha ri. Pai, você tem tanto senso de humor. oh, oh, oh! – eu gargalho. Aqui estão as Regras Especiais Adicionais para a formatura:

1. Nenhuma área da epiderme dele pode tocar qualquer área da sua epiderme.
2. Eu vou com vocês.

Naturalmente, minha esposa aconselha minha filha a "não ouvir" seu pai – como se, no fim das contas, alguém ouvisse. Por que ela precisa ir à formatura? – eu exijo saber. Ela está apenas no colegial!

Na noite da formatura o sr. Cabelo Azul chega na hora, vestindo um paletó cinza – do pescoço para baixo ele parece perfeitamente normal; do pescoço para cima parece que veio de um estúdio do *Arquivo X*. Observando o olhar lascivo no rosto do rapaz, enquanto ele observa sua companheira descer as escadas, presumo que o tema da festa deste ano é "Estou planejando tirar vantagem de sua filha".

Quando sigo o olhar dele, sinto-me momentaneamente incapaz de falar. O cabelo longo, cuidadosamente enrolado, o rosto sutilmente maquiado, minha filha é, de repente, uma jovem mulher tão adorável, e me ocorre que ela simplesmente não é mais minha garotinha. Ela está toda crescida.

Bem, eu saio dessa rapidinho.

Depois de alguns risinhos nervosos de todo mundo, minha esposa prepara-se para fazer disso o evento mais documentado da história, empregando, pelo menos, três câmeras diferentes e insistindo para que façamos uma série de poses absurdas.

– Certo, querida. Você, seu pai e o cachorro segurando uma rosa com os dentes, ali perto da lareira – ela comanda.

– David – eu digo ao acompanhante de minha filha entre uma foto e outra –, posso dar uma palavrinha com você?

– É Derek, Bruce – ele responde jovialmente. Enquanto o garoto retira com relutância a mão do ombro desnudo de minha filha, percebo que desenvolvi um tique no rosto.

– É sr. Cameron, Derek – concordo de maneira gentil. Tento não reparar no nome dele, que lembra "derrick" (guindaste em inglês), uma daquelas coisas que sai da lateral de um navio. A imagem mental me deixa nauseado. Que tipo de pais dão a seu filho o nome de uma coisa assim? Eu levo o sr. Penduricalho de Navio para fora do alcance auditivo das duas mulheres.

Assumindo uma expressão cordial e paterna, com meu braço sobre seu ombro, vou direto ao assunto que não sai da minha cabeça.

– Derek, você sabe o que é uma autópsia?

Ele pisca.

– Hum... acho que sim.

– O que é uma autópsia, Derek? – eu encorajo.

– É como eles determinam a causa da morte? – ele responde, parecendo um pouco preocupado com a direção que a conversa está tomando.

– Certo! Agora, Derek, deixe-me perguntar: você quer lhe façam uma autópsia?

– Não? – ele chuta.

– É claro que não – concordo. – Porque, se você deitar a mão em minha filha, nós *já* sabemos qual será a causa da sua morte, não sabemos?

Ele lança um olhar infeliz para sua acompanhante, que não está prestando atenção. Seu dedo bate nervosamente no anel em sua sobrancelha, e preciso segurar-me para não puxá-lo.

– Então, o que você não fará, Derek? – eu incito.

– Deitar com sua filha – ele resmunga.

– Deitar *a mão* em minha filha – corrijo duramente.

– Ah, certo.

Eu posso ver pela sua infelicidade que ele captou a mensagem. Dou um tapinha no ombro do rapaz e fico satisfeito em ver como se esquiva.

– Crianças, agora podem ir e se divertir.

Ele corre para perto de sua acompanhante e, pela primeira vez, nessa noite, eu sorrio.

Encontros de Grupo

Um conceito relativamente novo nas relações homem–mulher é a idéia de que um grupo de pessoas jovens devem marcar um único encontro para sair. Ninguém, em particular, está unido a outro – eles apenas se enxameiam, como um bando de insetos no cio. Como é que um pai pode saber a quem intimidar nessas circunstâncias? Pior, esses encontros em grupo muitas vezes acabam na casa de alguém, onde todos *passam a noite* dormindo no chão!

– Ah, pai, não vai acontecer nada com todas aquelas pessoas lá! – sua filha vai dizer.

Isso serve apenas para mostrar o triste estado da educação nos Estados Unidos hoje, porque, se sua filha aprendeu algo sobre história, ela saberia que as coisas mais terríveis aconteceram porque todas aquelas pessoas estavam lá! Quando foi a última vez que uma guerra ou praga ocorreu para uma só pessoa? Pode um único indivíduo fazer uma orgia ou um tumulto?

– Eu conheço os pais – sua esposa dirá. – Eles são legais.

Grande! É exatamente quem você quer ver vigiando sua filha enquanto ela se deita esparramada no meio de um grupo de garotos adolescentes: um casal de pais "legais". Você não se sentiria mais confortável se sua esposa tivesse dito:

– Eu conheci os pais. Ela é uma lutadora profissional e ele é guarda de prisão.

Está perfeitamente dentro de seus direitos como pai surgir com algumas "Regras Especiais Adicionais para Encontros em Grupo", tais como:

1. Apenas na minha casa.
2. Eu sentarei no meio do pessoal deitado com um frasco de No-Doz[2] em uma mão e um espeto de churrasco na outra. Se perceber um garoto tentando entrar no saco de dormir errado, vou espetá-lo de volta para o lugar certo.

Conclusão

Infelizmente, não há melhor maneira de impedir a filha de sair com garotos. No entanto, com um uso criterioso de sua presença física na maioria dos eventos sociais dela, você pode impedi-la de gostar disso demais. Sempre é possível comprar um ingresso para um filme (Ei, crianças, estou sentado aqui atrás de vocês, se quiserem pipoca!) ou achar uma mesa em um restaurante (Nossa, que coincidência. É a

---

2 N.T.: Remédio estimulante à base de cafeína.

terceira vez nesta semana!), perto de onde sua filha e o bom jovem com o cabelo azul estão tentando ficar sozinhos.

Apenas lembre-se: você não quer que eles façam o que você fez, ou tentem fazer o que você tentou, ou pensem no que você pensou. Essa é sua prerrogativa: você é o pai.

O Primeiro Emprego

Um Fracasso no Programa de Assistência Social ao Trabalho

Um corpo em repouso tende a permanecer em repouso[1], dando-lhe a sensação de que sua filha adolescente provavelmente continuará a morar em sua casa até que se aposente pela Previdência Social. Ela vai ignorar dicas sutis, como "Você é a pessoa mais preguiçosa do mundo" e "Quando eu estava com a sua idade, tinha *dois* empregos", acenando para você de maneira irritada porque está interferindo no telefonema dela.

– Não tenho tempo para arrumar um emprego – ela tentará explicar. Aparentemente, entre não fazer suas tarefas, não arrumar o quarto e não fazer a lição de casa, sua programação está exaustivamente completa.

Então, tudo muda: uma de suas amigas arruma emprego em um shopping e, dentro de uma semana, você fica de queixo caído ao ver sua filha remexer os cadernos de classificados e marcar os anúncios com uma caneta.

– Pai, o que é um D.O.? – ela pergunta.

– Diretor de operações.

– Será que eu podia ser isso? – ela pergunta, com a caneta pronta para circular o anúncio. Ela dá uma olhada de canto para você por cima do jornal.

– Acho que precisa ter um diploma de faculdade para isso – você lhe diz.

– Tudo bem – ela resmunga. – Bom, está com cara de ser um emprego idiota mesmo.

– Tente achar um que não exija qualificações – sua filha mais jovem aconselha.

– Aqui tem um: Comprador para grande empresa. Bem, sei que eu poderia fazer esse trabalho – ela diz. Seus olhos faíscam.

---

1 N.A.: Sir Isaac Newton, descrevendo sua filha adolescente.

– Talvez você deva procurar uma coisa mais humilde, algo assim... um pouco mais embaixo no totem, só para começar – você sugere.

– Sim, como a parte do totem que está em contato com o solo – a irmã observa.

Por fim, ela decide que os restaurantes locais são o melhor lugar para começar sua carreira.

– Eu poderia trabalhar em uma loja de roupas no shopping – ela explica –, mas aí todo mundo ia achar que as minhas roupas vinham da loja porque eu compraria com desconto.

Quer um conselho: não tente de qualquer maneira entender esse comentário.

A Preparação para a Entrevista de Emprego

– Vamos dizer que sou o empregador e você está vindo a uma entrevista para uma vaga – digo a minha filha.

– Eu não quero fazer isso – ela responde.

– Você não acha que precisa treinar um pouco para a entrevista? Você nunca fez isso antes.

– Como você poderia saber algo sobre isso? – ela pergunta. – Alguma vez você teve um restaurante?

– Não, mas já procurei emprego muitas vezes.

Ela revirou os olhos.

– Vamos lá.

– Ótimo. Você entra pela porta e vou te entrevistar.

Ela fica em pé como se estivesse presa ao chão com cimento.

– Excelente. – Ela sai do recinto, entra de novo e vem até mim.

– Satisfeito?

– Olá, senhorita. É um prazer conhecê-la – eu a cumprimento calorosamente, estendendo-lhe a mão. Ela me dá um cumprimento com a mão mole, deixando-se cair na cadeira.

– Você tem de esperar até eu mandar que sente – explico.

– Ah! Tenho certeza de que eles vão fazer *isso*.

– Não, estou lhe dando um conselho de pai. Quando for para uma entrevista, espere que lhe mandem sentar antes de fazê-lo. E, quando você sentar, não se esparrame. Sente-se ereta.

Ela acenou com a mão desdenhosamente.

– Agora, senhorita, diga-me: você tem alguma experiência anterior em limpar mesas?

– Isso é idiota.

– Como?

– Na ficha que preenchi está dizendo claramente que não.

– Certo. Mas a pessoa com quem você está falando pode não se lembrar disso. Você sabe, ela anda entrevistando um monte de pessoas para essa vaga, e as perguntas já são meio automáticas.

– Bom, se ela não está lendo as fichas, por que tive o trabalho de preencher a minha?

Nessa eu tive de pensar.

– Não sei. Você vai ter de perguntar a eles.

Ela masca seu chiclete, concordando.

– Então, você tem alguma experiência em atender mesas?

– Bem, em casa, meu pai sempre me manda pôr a mesa e tudo o que ele faz é sentar a bunda no sofá e ficar vendo esportes idiotas na televisão.

Eu não gostei:

– Que esportes idiotas?

– Como aqueles barcos com ventiladores gigantes na parte de trás que correm em volta do pântano.

– Com certeza seu pai está cansado de todo esse trabalho pesado para ganhar a vida e merece uma parada para o descanso.

– Ele só fica lá sentado arrotando.

Eu respirei profundamente.

– Está bem, senhorita. A pessoa que estamos procurando precisa ser limpa e ordeira. A senhorita diria que conserva seu quarto arrumado?

– Essa é a pergunta mais idiota que já ouvi na vida. Tenho certeza de que eles não vão perguntar isso.

– E se perguntarem?

– Eu me recuso a responder.

– Você não pode se recusar a responder. É uma entrevista de emprego!

– Isso é anticonstitucional.

– Não, não é. Eles podem perguntar o que quiserem, contanto que não façam qualquer tipo de discriminação.

– Bom, mas *isso é* discriminação.

– Eles só estão tentando ter uma idéia do tipo de pessoa que você é. Você é limpa, ordeira e organizada ou é uma porca completa que nunca guarda suas roupas?

– Isso é muito hipócrita.

– O quê? Como assim?

– Está bem. Esquece. Sim, meu quarto está arrumado.

– Isso seria uma mentira, certo?

– Ah! Você está querendo dizer que o restaurante mandaria alguém fotografar meu quarto para ver se estou mentindo? Isso quer dizer que eles tirariam fotos de você bebendo cerveja?

– Estou falando como pai.

– Esquece. Se eles vão fazer essas perguntas, prefiro não ir mais.

– Eles têm de fazer perguntas, é uma entrevista. É isso que é uma entrevista, eles fazem perguntas.

– Isso não quer dizer que eu tenho de respondê-las.

– Você quer ou não o trabalho?

– Não, se você é meu pai. Sim, se for a entrevista.

– Não estou certo se entendi bem.

– Acabou?

– Não. Normalmente, eles querem saber se *você* tem alguma pergunta.

– Não.

– Não o quê?

– Não. Não tenho perguntas.

– Você devia fazer perguntas. Isso mostra que está interessada.

– Pai, eu só vou *limpar mesas*. O que posso perguntar: "De que cor é o balde de plástico?".

– Não. Pense um pouco. Que tipo de pergunta você poderia fazer para mostrar que você é brilhante, trabalhadora e responsável? – fitei-a telepaticamente.

Ela fechou a cara, depois se iluminou.

– Já sei, já sei. Que tal: "Vocês dão bônus no Natal?"

– Bem... pensei em perguntar algo sobre as oportunidades de crescimento dentro da empresa.

– Se eu falar isso, eles vão achar que foi meu pai que me mandou perguntar.

– Por que você diz isso?

– Porque só um pai pensaria em perguntar se a gente pode ser promovida em um emprego para limpar mesas – disse ela com desdém.

Ela está certa... mas o mundo não seria um lugar melhor se todos pensassem como um pai?

O Alto Custo do Emprego

Por alguma razão, todos da família acham que o pai tem de patrocinar as despesas para ir procurar emprego. Esses fundos vão para uma conta chamada "Um dia eu te devolvo", e calculo que deva estar em uns 12 mil dólares.

– Por que você precisa de roupa nova para ir a uma entrevista de um emprego de garçonete? – eu pergunto.

Minha esposa ralha comigo.

– É a primeira entrevista de emprego, e ela precisa estar confiante.

– Eu gostaria de estar confiante de que vou ser reembolsado por isso – retruco.

– Ah, não se preocupe, pai. Vou te pagar – minha filha promete. – Eu vou arrumar um emprego!

Aqui estão as despesas feitas pela minha filha, e, portanto, por mim, em sua busca de um emprego de salário mínimo:

ITEM	CUSTO ($)
Duas roupas novas	160,00
Sapatos novos para combinar com as roupas	90,00
Corte de cabelo	40,00
Agenda nova de couro para tomar notas na entrevista	40,00
Caneta nova para tomar notas na nova agenda	29,00
Gasolina – 4 entrevistas de emprego	25,00
Tíquete de estacionamento – 1ª entrevista	15,00
Tíquete de estacionamento – 2ª entrevista	15,00

ITEM	CUSTO
Tíquete de estacionamento – 3ª entrevista	15,00
Tíquete de estacionamento – 4ª entrevista	15,00
Multa por excesso de velocidade	55,00
Conta do jantar de comemoração – "Consegui o emprego"	75,00
Uniforme de trabalho	60,00
Sapatos novos para o trabalho	34,00
Tíquetes de estacionamento para ir trabalhar	50,00
Total	718,00

Declaro, oficialmente, que isso é uma boa quantidade de dinheiro e faço a sugestão de que talvez os dois primeiros salários sejam usados para pagamento dessas despesas.

– Você quer que eu lhe dê dinheiro do meu *salário*? – minha filha pergunta. – Então, para que estou trabalhando?

– Pensei que você fosse me reembolsar todas essas coisas.

– Sim, mas não do meu *salário*. Do dinheiro que sobrar.

Em outras palavras, nunca vi nenhum centavo disso. Trabalhei por um longo tempo, e sei a partir da minha experiência: não existe nenhum dinheiro que "sobra".

Filha no Trabalho

A preparação para o primeiro dia de trabalho foi uma crise que envolveu toda a família, com minha filha correndo em volta e latindo ordens como o capitão de um navio em chamas.

– Não consigo encontrar meus brincos! – ela gritou.

– Aqueles com diamantes pequenos? – sua irmã perguntou.

– Não, esses não! Eu nunca usaria esses brincos para trabalhar! Tenho de usar aqueles prateados de argolinha.

– Os de argolinha são meus – sua irmã lembrou.

– Por que você não os empresta para sua irmã até que ela possa comprar outro? – minha esposa sugere.

Novos brincos de argola prateados .... $ 67,00

— Não consigo encontrar meus sapatos! Onde está minha escova de cabelo? Ninguém me ajuda! – ela gritou.

— Aqui estão seus sapatos. Aqui está sua escova de cabelo. Como posso te ajudar? – minha esposa acudiu gentilmente.

— Até quando sua mãe vai ter de vestir você? – perguntei, fugindo do Prêmio Olhar Sujo para Observações Sarcásticas Colocadas como Perguntas.

— Tem gasolina no carro? Alguém encheu o tanque?

Gasolina para o primeiro dia de trabalho .... $ 25,00

— Como está meu uniforme? Me sinto horrível nestas calças! Detesto meu trabalho. Detesto!

— Você está ótima – minha esposa a tranqüilizou.

— Pai, preciso do seu carro emprestado.

— O quê? O que tem de errado com o carro de sua mãe.

— Ah, como se eu fosse trabalhar dirigindo uma *minivan* – ela disse em tom de desprezo.

— Bem, e o que faço se eu precisar ir a algum lugar? – perguntei de forma razoável.

— Você vai ter que se virar até encontrarmos um carro para ela – minha esposa me disse.

Carro usado .... $ 4.500,00

Finalmente, conseguimos colocar minha filha para fora da porta de casa. Ela deixou duas marcas de pneus na garagem ao sair como um foguete pela rua e foi embora arrasando.

— Vamos até o restaurante ver como ela está se saindo – minha esposa sugeriu.

— Está brincando? Acabamos de nos livrar dela. Vamos curtir este silêncio pós-calamidade – respondi.

— Vai ser divertido.

— De jeito nenhum!

Quando chegamos ao restaurante, não conseguimos ver nossa filha.

— Ela já foi despedida – eu previ.

– Quieto – minha esposa respondeu. – Vamos sentar e fazer o pedido.

Escolhemos uma mesa e alguns momentos depois fomos recompensados com a visão de minha filha irrompendo da cozinha, arrastando um balde de plástico. Eu observei espantado enquanto ela, com determinação, recolhia os pratos secando a superfície da mesa com um pano.

– O que ela está fazendo? – meu filho quis saber, sussurrando. Ele nunca tinha visto algo como isso antes e lhe faltava vocabulário para descrever o que estava testemunhando.

– Trabalhando – respondi assombrado.

Como uma abelha polinizando um canteiro de flores, ela passou para a próxima mesa, removendo os restos de um jantar com rápida eficiência. O pano voltou. Pronto. Para a próxima.

– Ligue para a polícia. Eles deram anfetamina a ela – eu disse à minha esposa.

Um casal sentou-se imediatamente à mesa que a minha filha tinha acabado de limpar. O homem pegou o cardápio, e então esfregou o braço ali.

– Ei! – ele disse bem alto. – Esta mesa ainda está molhada.

– É porque ela está limpa – eu o avisei do outro lado da sala.

Minha esposa colocou a mão em meu pulso.

– O quê? – ele me respondeu, espantado com o fato de que um completo estranho pudesse ser tão prestativo.

– Está limpa. Eles fazem um bom trabalho mesmo, mantendo as mesas limpas. Os funcionários são muito atenciosos.

– Eu lamento, mas quem lhe perguntou? – ele quis saber. – Sentei aqui e fiquei com minhas mangas molhadas.

– Se você não se apoiasse na mesa enquanto lê, talvez isso não tivesse ocorrido – eu disse gentilmente. – Tente não mover os lábios também.

– Bruce – minha esposa preveniu.

O cara olhou para sua acompanhante.

– Você consegue acreditar nesse sujeito? – ele reclamou.

Uma garçonete apareceu.

– Vão querer algo para beber? – ela perguntou alegre, puxando um bloco de notas.

– Olha, esta mesa ainda está molhada – ele disse.

– Está limpa – insisti, indo me juntar à conversa. Do canto do olho, eu podia ver minha esposa gesticulando, provavelmente em total apoio. – Veja, ele apenas não sabe apreciar quanto ela está imaculada.

A garçonete fez uma cara como se estivesse incerta do motivo pelo qual eu estava envolvido na discussão.

– Você pode ver o seu reflexo nela – adicionei prestativo.

– Olha, posso falar com o gerente? – o sujeito briguento exigiu.

– Isso pode ser uma boa idéia – concordei. – Realmente, se você quiser juntar todos os funcionários, essa pode ser uma excelente oportunidade para mostrar a eles como lidar com idiotas que não apreciam condições anti-sépticas para comer. – Eu me virei e fiz um sinal de positivo à minha esposa. A expressão dela não comunicou a aprovação que eu sentia ser apropriada para a situação.

Mais tarde, minha esposa reclamou, um tanto amarga, sobre não poder ter ficado para jantar.

– Não acredito que você fez com que nos expulsassem de um restaurante familiar – ela protestou enfurecida.

– Não fomos expulsos. Simplesmente nos pediram para sair porque aquele cara não parava de discutir comigo – eu corrigi.

– Tudo o que ele queria era uma mesa seca!

– E, provavelmente, ele conseguiu uma, não? Isso é chamado de evaporação – expliquei cientificamente.

– Você ia realmente dar um murro no nariz dele? – meu filho quis saber.

– Eu nunca estive tão envolvida em uma dificuldade na minha vida – minha esposa declarou.

– É isso que você sempre fala sobre nosso casamento quando temos dificuldades – chamei sua atenção. – Você não pode usar *essa mesma expressão* para duas coisas diferentes.

– Estou feliz por nossa filha não ter visto a gente. Provavelmente, iria sentir-se humilhada.

– O cara era um imbecil – eu disse defensivamente. – Ele deve ser um criminoso de guerra foragido.

– Ele disse que é um pastor presbiteriano.

– Ah, sei. Como se um pastor fosse estar em um encontro com alguma loira burra.

– Aquela era a esposa dele!

Bem, claramente, eu havia vencido a discussão e não fazia sentido falar mais a respeito.

Quando minha filha chegou em casa, eu não disse nada sobre a breve alteração no restaurante, embora quando mencionei que lamentava o fato de ela ter de lidar com "um bando de clientes mal-educados", minha esposa tenha me dado um olhar de aviso.

– Estou exausta – minha filha declarou, caindo no sofá. – Não posso me mover. Alguém pode massagear meu pé?

– Você se divertiu?

– Divertir?! Eu trabalhei por quase quatro horas direto! – seus sapatos foram despejados no chão. – Minhas costas estão doendo. Alguém pode me trazer algo para beber? – ela colocou a mão sobre os olhos. – Você *não faz idéia* de como é trabalhar tanto.

– Verdade? – eu respondi.

– Mãe, você vai precisar lavar este uniforme hoje. Eu suei bastante. Já comprei outro para você não ter de fazer isso todo dia.

Segundo uniforme .... $ 60,00

A manhã seguinte era sábado, e a lista de minha esposa com as coisas para eu fazer tinha vários itens que achei mais apropriados para meus filhos fazerem.

– Você pode cortar a grama – informei à minha filha mais velha.

– O quê? Mas eu *trabalho*.

– A que horas você vai para o restaurante?

– Às 16 horas.

– Ah! Mas não é nem meio-dia ainda. Você tem bastante tempo.

– Mas tenho que trabalhar o final de semana todo! Arranja outra pessoa para fazer isso. Estou muito cansada!

– Só porque você está trabalhando fora não significa que não tem de participar mais das tarefas de final de semana – eu disse a ela.

— Isso não é justo! Trabalho até o fechamento hoje à noite! – ela levantou, jogando seu guardanapo. – Ninguém nesta família trabalha tão duro quanto eu!

— Ei, você se importa de limpar a mesa? – gritei para ela. Só meu filho achou isso engraçado.

Conclusão

Na questão do emprego, seu conselho de especialista é importante, e será totalmente ignorado. Você mostrará que sua filha aceitou um emprego sem nenhum plano de como faria para chegar até lá – aparentemente, *você* está responsável pelos serviços de transporte e terá de se virar para não criar um conflito na agenda entre suas responsabilidades profissionais e o emprego de salário mínimo da filha.

— Eu realmente gostaria de ficar e terminar esse projeto – você se pegará dizendo para seu chefe –, mas minha filha precisa ir trabalhar.

Quando o primeiro pagamento chegar, ninguém assistirá a sua série de palestras sobre "Economizar para a faculdade", embora será pedido a você para dar uma aula sobre "Por que tenho de pagar a Previdência Social? Eu nem *gosto* de pessoas velhas". Esteja preparado para sua filha manifestar uma considerável indignação – uma porção de Republicanos nascem nesses momentos.

O impacto do primeiro emprego nas finanças da família é desprezível – apesar de agora sua filha supostamente ter mais dinheiro, não significa que ela vai lhe pedir menos. A única verdadeira mudança que perceberá é na sua agenda: se antes você costumava enlouquecer por ela estar constantemente atrás de você no final de semana, tagarelando ao telefone ou vendo tevê, agora ela não está mais em casa e isso cria uns buracos estranhos no seu dia. Quando ela entra em casa, você lhe pergunta sobre seu trabalho, como se recolher pratos e colocar em um balde de plástico fosse uma atividade fascinante. Você sente falta dela, embora não vá expressar qualquer dúvida sobre essa fagulha de ambição. Você tem de encorajar isso, dar ao pequeno pássaro um chute gentil nas penas da cauda enquanto ela está aprumada na beira do ninho. Esse é seu papel: você é o pai.

O Namorado

Sem Consultar o Pai, um Garoto Ganha Acesso Especial à Filha Adolescente

De repente, um dia, você perceberá que a matilha de garotos que ronda suas filhas diminuirá drasticamente, deixando um único macho alfa que vai andar em sua casa como um filho adotado sem nenhuma papelada, jantando com a família e tentando fazer com que participe de conversas indesejadas: um namorado.

A linguagem foi tão completamente corrompida pelas adolescentes que você nem é capaz de conseguir uma resposta direta sobre o papel pretendido por esse desocupado.

– Nós estamos saindo – sua filha mais velha vai afirmar, embora, o que posso dizer, é que na verdade eles ficam mais tempo em casa.

– Quer dizer que vocês estão namorando *firme*? – você exige saber.

Uma risada histérica é a resposta, deixando você nem um pouco mais perto da verdade.

– Ah, pai, ninguém mais namora *firme*.

Você reflete. Aparentemente, essa revelação parece positiva, uma coisa que você pode apoiar – exceto por ter a sensação de que não vai gostar da alternativa.

– Você não "namorou" o Derek? – eu quis saber.

– Tivemos alguns encontros, mas não *namoramos* – ela responde com desdém.

– Então, quando sai com esse novo garoto, você não o está *namorando*?

– Ah, pai.

É tão absurdo pedir para falarmos a mesma língua, de maneira que eu entenda o que estou tentando proibir?

Não Procure Ajuda de Sua Esposa

As mulheres parecem não entender que há uma grande diferença entre ter os lobos lá fora na floresta e deixar um deles entrar e sentar-se na sua cadeira favorita. No entanto, aponte isso, e elas vão olhar para você como se fosse louco.

– Mas ele é um garoto tão bom! – sua esposa dirá.

Esse papo de novo.

Eu costumo classificar os garotos adolescentes em duas categorias: "importunos" e "rejeitados". Embora seja verdade que tenho de concordar com minha esposa que esse garoto não autorizado, que começou a aparecer todos dias, parece relativamente inofensivo, como vou ter certeza?

– O pai dele foi monitor na mesma festa da escola em que você dançou com aquela mulher a noite toda – minha esposa observou, inserindo tantas irrelevâncias em uma mesma frase que nem posso contar todas. Eu já havia explicado que ela não era uma mulher, era uma professora. Mesmo não podendo obter confirmação de qualquer uma das minhas filhas, suspeito que foi nesse mesmo baile de colégio que o problema todo começou – que foi esse mesmo garoto que arrastou minha filha inocente para o ginásio e grudou-se nela. Se a presença de dois pais não é suficiente para domar os instintos predatórios desse garoto, está claro que a situação é bem pior do que qualquer um pode imaginar.

– O que você tem contra ele? – minha esposa pergunta repetidas vezes. Obviamente, ela não está prestando atenção à minha resposta, então vou explicá-la claramente aqui.

Aqui Está o Que Tenho contra Ele, Junto com as Respostas Irrelevantes de Minha Esposa

Eu: O nome dele é Blunt. Que tipo de nome é esse?[1]

Minha esposa: *Seu nome não é Blunt. É Blaine. Era o nome do avô dele.*

---

[1] N.T.: Aqui o autor faz um trocadilho entre os dois nomes, que têm quase a mesma sonoridade em inglês. Além disso, Blunt significa grosseiro, rude. A intenção do autor era agredir o garoto.

Eu: Por que os lábios dele têm de estar tão próximos dos lábios da minha filha? É como se eles tivessem se tornados gêmeos siameses, unidos pelo rosto.

Minha esposa: *Eles estão apaixonados, querido. Você não consegue ver quanto a sua filha está feliz?*

Eu: Não me lembro de ter dado permissão para ninguém ficar apaixonado.

Minha esposa: *Ele me ajuda a carregar a comida, coisa que nenhum dos outros namorados se ofereceu para fazer antes.*

Eu: Isso é porque quanto mais rápido tivermos a comida em casa, mais rápido ele poderá comê-la! Por que nós temos de alimentá-lo o tempo todo? Se você alimentá-lo, ele ficará cada vez mais dependente de nós e não será capaz de se virar por si mesmo.

Minha esposa: *Garotos dessa idade têm um apetite muito grande.*

Eu: É com seus "apetites" que estou preocupado! Os dois têm de ficar agarrados um ao outro o tempo todo? Isso não é natural.

Minha esposa: *Querido, não há nada no mundo mais natural.*

Eu: Ele está aqui todos os dias. Seus pais não devem se preocupar em saber onde o filho está ou o que faz. Provavelmente, esse menino foi criado por lobos.

Minha esposa: *Seus pais são pessoas maravilhosas. Além disso, eu os convidei para jantar no próximo final de semana.*

Eu: Ah, que ótimo! Agora temos de alimentar os *pais* também? Por que nossa filha não pode apenas ser uma amiga por correspondência desse Blunt, e dar tempo para o relacionamento? Se, depois de dez ou quinze anos, os dois ainda estiverem atraídos um pelo outro, e eu aprovar seu emprego, *então* eles podem começar a "sair". Essa é uma proposta muito razoável e preciso do seu apoio aqui.

Minha esposa: *Dá para você parar de chamá-lo assim? Você deixa todos nós embaraçados.*

Eu: Nossa filha é muito nova para ter uma relação tão séria com um garoto! Ela tem a vida inteira pela frente e não quero que a gaste com esse aí!

Minha esposa: *O que você tem contra ele?*

Para dizer a verdade, não tenho certeza. Ele *realmente* parece um "bom garoto", o que imediatamente me desperta suspeitas. Por exemplo, a primeira vez que me encontrei com ele e lhe passei as 8 Regras Simples, sujeitando-o a uma Investigação Paternal Padrão, ele respondeu a todas as minhas perguntas de maneira clara, olhando nos meus olhos enquanto fazia isso. A maioria dos garotos que aparece por aqui normalmente começa a tamborilar nervosamente os dedos quando exijo saber os termos de sua condicional. Blunt apenas riu e me disse que nunca teve uma multa de trânsito. Maravilhoso. Como qualquer policial irá lhe dizer, não há criminoso mais perigoso do que aquele que eles nunca conseguem pegar.

Uma maneira pela qual o novo namorado de sua filha difere dos outros machos da matilha é que ela e ele partilham um "relacionamento". Isso pode lhe parecer completamente inadequado – sua filha é nova demais para ter tal coisa.

Relacionamentos convertem magnetismo em eletricidade, a qual é, então, com mais freqüência do que nunca, usada para chocar o pai. Você pode fazer uma curva e, em uma sensação que parece relacionada ao que os pilotos chamam de "descompressão instantânea", descobrirá sua filha e Blunt acomodados em uma poltrona na sala de estar, apenas sentados juntos como se estivessem fazendo sua parte para combater uma falta de estoque nacional de cadeiras. Infelizmente, não há pequenas máscaras caindo do teto para ajudá-lo a puxar oxigênio – você é forçado a retomar o fôlego por si mesmo.

– Blunt – você irá dizer quando retomar sua voz –, acho que o grande pinheiro do quintal está ficando com as raízes apodrecidas. Você se importa em dar uma olhada?

– Sem problema! – ele concorda alegre, pulando de pé e saindo à toda pela porta. Sua filha olha de canto para você.

– Raízes apodrecidas? – ela exige saber.

— Essa cadeira não é estruturalmente firme – você diz a ela. – Sugiro que você se sente em um banco. Ou simplesmente fique de pé.

Esse fator do relacionamento fez a capacidade de percepção de minha esposa ruir totalmente, a ponto de ela ter dado à minha filha permissão para violar algumas das minhas Proclamações Paternais Absolutas, gravadas em pedra, incluídas na categoria "eu realmente estou falando sério".

— Onde ela está? – digo, soltando fumaça pelas narinas. – Eu lhe disse para estar em casa à meia-noite e já se passaram quase dois minutos.

— Eu falei que ela podia ficar fora até à 1 hora – minha esposa responde tranqüilamente.

Meus olhos saltam.

— Uma da manhã! Você está louca? Você acha que apenas porque gastamos mais de 500 dólares com a alimentação desse cara, no último mês, ele deixará nossa filha em paz? Olha, quando um garoto se torna um namorado sério, você tem de fazer soar o toque de recolher mais cedo, não mais tarde.

— Que diabos você está falando?

Minha exasperação não poderia ser mais completa.

— Certo, acho que vou ter de explicar isso em uma linguagem que você entenda. – Isso me valeu um olhar sombrio, mas eu prossegui: – Veja, as primeiras vezes que um garoto está como rebatedor, provavelmente vai rebater para fora. No melhor dos casos, ele acerta algumas na arquibancada. Ele pode até chegar à primeira base, mas é só. Mas, se der a ele rebatidas suficientes, vai se acostumar com as curvas dos arremessos.

— *Essa* é a linguagem que supostamente eu deveria entender?

Eu não vou me deixar deter.

— Logo ele consegue chegar na terceira base na primeira rebatida. Ele se torna um rebatedor de *home runs*. Você percebe o que eu estou falando aqui? Você deixou sua filha ficar até de madrugada com Babe Ruth[2]!

---

2 N.T.: George Babe Ruth, considerado um dos melhores jogadores de beisebol do século 20.

– O que percebo é que você está comparando nossa filha a um campo de beisebol. Que legal. Na próxima, você dirá que ela é uma colina e Blaine é o exército inimigo.

Essa é uma das sérias desvantagens de ser casado por tanto tempo: sua esposa começa a antecipar seus argumentos.

– Bem, eu não ia dizer que ela era uma *colina* exatamente – resmungo.

Minha esposa não é a única pessoa que suspendeu todas as regras que normalmente se aplicam em nosso lar. Minha filha entrou na dança, deixando de lado seu aspecto competitivo e fingindo um desamparo que acho desconcertante.

– Blaine, você pode vir até aqui e me ajudar a lavar o carro? – ela suplica ao telefone.

Agora, para o observador casual, esse parece ser um pedido bastante inofensivo, mas conheço a minha filha. Lavar o carro na calçada não é algo que ela faria nem uma vez, não quando por meros 10 dólares do pai ela pode ir até uma máquina que borrifa espuma no automóvel por 30 segundos e então o enxágua. Agora que ela tem Blunt em sua vida, no entanto, o carro se torna um amparo, uma desculpa para ela colocar um traje de banho e camiseta e andar por aí dando gritinhos, deixando-se ser molhada com a mangueira. Minha filha dando *gritinhos*? Eu lhe teria dito confidencialmente que, se alguém viesse e a molhasse com a mangueira, ela iria agarrar o sujeito e lhe enfiar o bocal da mangueira goela abaixo. Mas tudo isso mudou com a chegada de Blunt.

– Você está ficando toda molhada, querida – gentilmente digo a minha filha, enquanto coloco uma capa de chuva de borracha sobre seus ombros. Cuidadosamente fecho o zíper, admirando a maneira como ela repele a água e o desejo. Mas, ela se esquiva quando tento persuadi-la a vestir pés-de-pato, ainda que a capa de chuva deixe seus joelhos escandalosamente expostos.

Outra regra, que pelo visto se tornou inútil, é aquela para obedecer ao toque de recolher, quando a pessoa deve estar na casa e ser devidamente interrogada na hora apontada. Com Blunt em nossas vidas, parece que está bom para todo mundo se o carro estiver meramente *na porta* na hora do toque de recolher – e então ficar parado ali gerando ondas de calor e frio em mim e me fazendo andar de um lado para outro, repetindo a mim mesmo "O que eles estão *fazendo*?", muito embora, para ser honesto, eu não queira saber de verdade. Depois de mexer com as luzes, ligando-as e desligando-as repetidamente, e apontar uma poderosa lanterna para o carro, de tal maneira que quaisquer outras duas pessoas no mundo entenderiam a dica, sou forçado a ir lá e fingir estar inspecionando as calhas, batendo no carro com a escada, algumas vezes, até que as portas se abram.

– Pai, por que você está fazendo isso agora? – minha filha exige saber com raiva.

– Bem, oi! – eu a chamo feliz. – Que surpresa. Eu não sabia que você estava aqui fora. Presumi que, como tinha passado da hora de ir para cama, você estaria segura dentro de casa.

– O senhor gostaria de alguma ajuda com isso, sr. Cameron? – Blunt pergunta. Ah, ele pensa que pode me enganar, mas não vou cair nessa.

– Bem, na verdade, sim. Se você não se importar em mover esse carro de volta para sua casa, isso tornaria a coisa mais fácil – digo a ele.

O que realmente tornaria isso mais fácil era ele mover o carro de volta para sua casa e deixá-lo lá, mas você não menciona isso. A despeito do fato de esse intrometido ser uma adição recente à sua família, ele tem melhores resultados nas pesquisas de popularidade do que você. Por enquanto, terá apenas de tolerar sua presença pestilenta.

O Incidente do Beijo de Boa Noite

Como qualquer pai razoável sabe, as garotas adolescentes não deveriam beijar garotos adolescentes. Para impedir isso, os pais são instigados a fazer todo o possível no sentido de reduzir as influências românticas. Normalmente, ficar por ali parado, com meu roupão de banho, checando as calhas de chuva, é bastante eficiente nesse sentido. Com um namorado sério, no entanto, até meu melhor olhar de monitor não parece ser capaz de evitar uma mistura de bactérias orais. Mesmo me demorando lá, limpando minha garganta, tossindo de leve e murmurando "Isso basta por hoje", eles ainda se juntam em um beijo de boa noite, cujo propósito parece ser sujeitar seus cérebros à privação de oxigênio.

Como em uma luta de cachorro, você precisa resistir ao impulso quase incontrolável de colocar sua mão entre os dois e tentar separá-los. Uma solução melhor é usar a mangueira do jardim, mas não espere qualquer apoio de sua família se fizer isso.

– Ei, mas isso não era problema quando eles estavam lavando o carro! – você vai protestar em uma defesa tão convincente que qualquer juiz no mundo daria um veredicto de Inocente ("Esse Homem É um Herói"). Infelizmente, sua esposa não está disposta a ouvir a evidência no julgamento, e pelo crime de Quase Causar Pneumonia e Agir de Maneira Ridícula, e Não Consigo Acreditar Que Tive de Mandar Aquele Pobre Garoto Encharcado para Casa, O Que Você Estava Pensando, Algumas Vezes Acho Que Você Está Louco, você descobre-se sentenciado a Pedir Desculpas para Sua Filha e a Esse Pobre Garoto.

Pedir desculpas! Isso é inaceitável. Pais não pedem desculpas para garotos adolescentes. Você não irá Sob Quaisquer Circunstâncias pedir desculpas, a quem quer que seja, por que "quase o fez pegar pneumonia"? Isso é como dizer que alguém está "quase grávida", coisa que, aliás, sua aplicação sensata da mangueira do jardim impediu e ninguém quer agradecer a você por isso. Desculpas estão Fora de Questão, e é só quando você vê sua esposa colocando cobertores e travesseiro no sofá da sala de estar que começa a reconsiderar sua posição.

Quando Blunt chega no dia seguinte, você se fortalece para a desagradável tarefa em questão. Você se lembra de que no seu casamento deu um breve e seco beijo em sua sogra; com certeza, será capaz de lidar com isso.

Blunt bate na porta da frente de uma forma um pouco mais hesitante do que o usual. (Quando começou a "namorar", ou seja lá o que ele tem feito com minha filha, costumava apenas entrar e gritar "Olá, senhor Cameron!", como um ladrão de casas comum, mas desencorajei esse comportamento colocando educadamente minhas mãos sobre seus ombros e o empurrando para fora de casa.)

Agora, você abre a porta e ele dá um pequeno sobressalto, olhando de maneira nervosa como se estivesse procurando armas. Isso é suficiente para fazê-lo chorar: você finalmente tem esse garoto onde o quer e sua esposa insiste que você desfaça todo o seu progresso desculpando-se!

– Oi! – você o cumprimenta.

– Oi, sr. Cameron – ele responde.

Pronto, isso deve ser suficiente. Você sai da frente para deixá-lo entrar, e enquanto faz isso percebe sua esposa parada na porta, balançando a cabeça com severidade.

Você considera que, se passar mais uma noite naquele sofá, suas costas irão fundir-se em uma única deformação gigante.

– Então... acho que, na outra noite, eu meio que te molhei com a mangueira – você se desculpa.

Blunt dá de ombros, desconfortável.

Você dá uma olhada para sua esposa, que ainda está de cara feia para você. *O que mais essa mulher quer?*

Certo, você pode fazer isso.

– Eu... – você engasga um pouco, sua garganta fechando em reflexos involuntários que os pais desenvolvem para impedir desculpas acidentais. – Eu lamento ter feito isso.

– Ah, está tudo bem, sr. Cameron. O senhor deveria ver meu pai quando o namorado de minha irmã vai em casa. Ele ainda finge que não se lembra do nome do sujeito!

Os Contraparentes Potenciais

Por causa da minha aversão declarada em conhecer duas pessoas cujo acasalamento irresponsável resultou em minha filha ter um namorado, minha esposa prosseguiu com seus planos irrefletidos para uma "reunião de família" com os pais de Blunt.

Mentalmente, formei a imagem de como essas pessoas pudessem ser, tomando bastante emprestado da exibição do homem de Cro-Magnon do museu de história natural. Eles vão dar risinhos, sem nenhuma vergonha, diante do comportamento inadequado de Blunt em relação a minha filha, a esposa dizendo abertamente que queria ter um neto logo, algo assim dentro de nove meses.

— Não nos importamos nem um pouco que ela não seja nem mesmo prima de Blunt – a mulher idiota vai disparar. O pai, mesmo se ele *for* o pai, beberá toda minha cerveja e berrará argumentos políticos ridículos para todo mundo, exatamente como minha esposa acusou-me de me comportar no passado, embora eu nunca tenha realmente feito tal coisa. Em contraste com essa toupeira, meu comportamento sublimemente civilizado servirá como instrução para minhas filhas, que então apreciarão quanto são sortudas por ter a mim como chefe da família. Com o tempo, o comportamento do pai ficará tão rude que terei de arrastá-lo e encher o sujeito de pancada. (Eu me imaginei usando um sotaque inglês enquanto explicava a ele o que estava fazendo. "Digo mais, companheiro, acho que vou ter que lhe dar um corretivo, se você não se importa.")

Quando o casal estava na porta da frente, pareciam, na verdade, um pouquinho menos com habitantes das cavernas do que eu tinha imaginado. Na realidade, o pai de Blunt era um tanto como eu, só que bem maior. Então comecei a repensar o meu plano de dar umas pancadas no sujeito, embora tenha decidido manter o sotaque inglês.

— Prazer! – eu o saudei. – Vamos entrar, companheiro, vamos entrar. Aqui, aqui. Bem-vindo.

Minha esposa me deu uma encarada.

— Pai! Por que você está fingindo ter um problema de fala! – minha filha sussurrou conforme conduzíamos o casal para dentro de casa.

Nós aceitamos uma torta de maçã que a mãe de Blunt tinha feito.

— Uau! Como eu queria que minha esposa fosse capaz de fazer torta de maçã – suspirei melancólico. Minha esposa me deu uma olhada totalmente diferente.

Naturalmente, minha filha e Blunt tinham cumprimentado um ao outro como se estivessem perdidos no mar por um ano. Percebi que o pai dele evitava olhar por estar embaraçado, enquanto as duas mulheres animaram-se.

O nome do pai era Ted Petersen. Abrimos algumas cervejas e fomos para o pátio ter conversas de homem.

— Eu, praticamente, construí este pátio de madeira sozinho. Cuidado ali, o corrimão está meio solto – disse a ele. – Bem, não se preocupe com isso. Deixe desse jeito. Vou bater um prego mais tarde.

— Estou impressionado — disse Ted, observando minha obra. — Você fez um ótimo trabalho.

— No quê? — minha esposa quis saber, emergindo da cozinha e me passando uma bandeja de hambúrgueres.

— Na construção do pátio — explicou Ted.

Minha esposa bufou.

— O quê? Tudo o que ele fez foi colocar aquele corrimão. Meu pai construiu o resto.

Eu dei de ombros para Ted. Se ela queria acreditar que o pai dela havia construído meu pátio de trás da casa, eu não ia discutir. Na minha maneira de pensar, no entanto, tudo que meu sogro fez foi cortar a madeira e pregá-la no lugar, enquanto criei os desenhos arquitetônicos.

— O que você faz no seu tempo livre, Ted? — perguntei.

— Ensino caratê para crianças ali na ACM — ele respondeu.

Decidi que quaisquer pensamentos remanescentes que eu tivesse sobre enchê-lo de porrada não eram mais válidos. Coloquei a carne na grelha, fazendo uma cara pensativa.

— Blunt é seu único filho? — perguntei depois de um instante.

Ele franziu a testa.

— Quem?

Apontei com minha espátula, respingando um pouco de gordura de hambúrguer em Ted.

— Ele.

Ele olhou para o filho.

— Ah, Blaine? Não, ele tem uma irmã mais velha.

— Ela tem um namorado? — perguntei de maneira agradável.

— Bem, não tenho certeza.

— Deixe-me colocar isso de outra forma. Há algum garoto em particular que parece estar na sua casa o tempo todo?

— Sim! Eu não consigo me livrar dele!

— Entendo... Bem, deixe-me perguntar algo. Ele come toda a sua comida?

— Pelo menos, 400 dólares de comestíveis por semana! — Os olhos de Ted brilharam com o alívio de finalmente poder falar sobre isso com alguém. — O nome dele é Mutt. Mutt Crumplefungus.

A esposa dele voltou-se para nós.

– Você está falando sobre o Matt? – ela quis saber.

Ele acenou com a cabeça, concordando.

– O nome dele é Matt Grundlefinger – ela corrigiu com severidade.

Nós homens permanecemos unidos em uma condenação silenciosa de um nome como esse, enquanto ela voltou-se para minha esposa e proclamou:

– Ele é um garoto tão *bom*.

– Bem, Ted, me parece que você foi infectado com um namorado – diagnostiquei tristemente.

Ele acenou taciturno, concordando.

– Você já conferiu se há vagas no Convento Nossa Senhora do Sofrimento?

– Aquele em Indiana?

– Sim.

Ele deu de ombros.

– Eu não sei mais o que fazer, Bruce.

Na verdade, me descobri gostando do camarada de repente: ele não é um sujeito ruim de modo algum, não é mesmo?

Discussões Verbais

Em algum ponto, sua filha decidirá demonstrar seu total controle sobre o namorado, arrastando-o chocado e perplexo para sua "primeira briga".

Embora torcer possa parecer apropriado, os pais devem restringir seu entusiasmo. Isso é difícil, no entanto, quando você vê a expressão do rosto do namorado – ele parece ter perdido três litros de sangue. (Se você não está acostumado com as táticas de uma mulher, discutir com uma pode ser bastante perturbador.)

Minha esposa, por exemplo, tem um padrão um tanto bizarro de comportamento sempre que vou ao bar de esportes ficar com meus amigos por algumas horas. Apesar de eu não ter nenhum controle sobre quanto tempo o jogo dura, e apesar de ela agora já estar bem ciente de que na hora que um jogo termina algo mais está passando na tevê, como futebol da Austrália ou pólo na areia da Califórnia, e apesar de eu fazer com que meus colegas liguem para ela e inventem desculpas hilárias por estar muito atrasado, várias vezes se referindo, com humor de bom gosto, a garçonetes viçosas e outros assuntos joviais, ela ainda persiste em jogar minhas roupas pela janela nos arbustos do quintal da frente. Nas primeiras vezes em que o táxi me deixou na porta e vi o que parecia o trabalho de uma lavadeira insana, eu não tinha muita certeza do que estava acontecendo e sua recusa em abrir a porta do quarto para falar sobre isso não ajudou nada. Agora, no entanto, entendo que estamos "discutindo", e na verdade descobri que o processo todo é muito útil – mesmo estando trancado para fora do próprio quarto, ainda tenho várias roupas para me trocar de manhã. (Aprendi a recolher as roupas quando chego em casa. Se eu as deixar lá fora, as mulheres da vizinhança vão ver a roupa e então *elas* se recusarão a falar comigo. Os homens, no entanto, passam, olham para as roupas e perguntam como foi o jogo.)

Quando encontrei Blunt parado com um ar desamparado na frente da varanda, não precisei ver uma porção de cuecas em cima dos arbustos para perceber que ele estava tendo uma briga com minha filha mais velha. Um olhar para a devastação de seu rosto revelou a história toda.

– Sr. Cameron – ele me cumprimentou –, nós estamos tendo uma briga.

– Que pena ouvir isso – dei uma risadinha. – Você sabe que minha filha pode realmente carregar uma bronca pela vida inteira.

Ele suspirou, concordando com a cabeça.

– Talvez se você desse um tempo para as coisas esfriarem. O resto do ano letivo, por exemplo – aconselhei gentilmente.

Ele afundou no balanço da varanda.

– É minha culpa.

– Com certeza é – encorajei. Eu não estava com a mínima vontade de descobrir o que havia no centro daquela disputa, mas me sentia ansioso em reforçar a idéia de que ele tinha prejudicado o relacionamento para além de qualquer conserto. – Você é velho o suficiente para entrar para no exército, não é?

– Eu não disse "docinho de coco" – ele acrescentou.

Isso me deteve.

– Eu... o quê?

– Ela diz "Isso é um doce" e eu devo responder "Claro que é, docinho de coco".
– Ah! Olha, tenho de ir.
– E ela disse que eu estava olhando para a garçonete.
– Percebo. Bem, você estava?
– Hein?
– Você estava olhando para a garçonete?
Ele deu de ombros.
– Um pouco.
– Ah!
– Bem, o que vou fazer? Ela está brava mesmo.
– Bem – eu disse de maneira gentil. – Acho que você, basicamente, arruinou esse relacionamento. Você deve ir embora e achar outra filha para você. Eu quero dizer, outra namorada.

Entrei, batendo a porta atrás de mim de uma maneira que eu esperava que sugerisse uma expulsão eterna. Minha filha estava ao telefone, falando com uma Carol ou outra sobre algo além de Blunt, pela primeira vez em 30 dias.

A maioria dos pais assumiria que, pelo crime de garçonete demais e docinho de coco de menos, o garoto seria permanentemente excomungado. Infelizmente, essas tempestades passam um tanto rápido pelos relacionamentos adolescentes, e logo eles estão juntos de novo, um processo inteiramente inadequado, que deixa todo mundo, com exceção de você, suspirando de alívio.

– Estou feliz por eles terem conseguido resolver isso – sua esposa vai murmurar, olhando a filha e Blunt esfregando o focinho um no outro. Estou certo de que, se sua esposa fosse Winston Churchill, ela provavelmente teria dito: – Estou feliz por Hitler e Stalin terem conseguido superar suas diferenças e destruírem a Polônia.

Conclusão

A principal diferença entre uma "paquera" e um "namorado" é que as paqueras estão na vida da sua filha, mas os namorados estão na *vida de todo mundo*. Eles estão lá para o jantar, começam a aparecer nas fotografias de feriado – você até vai descobrir sua esposa comprando um presente para ele lhe dar no *seu* aniversário.

– Ele realmente gosta de você – sua esposa comentará um dia.

Você não quer ser amado, quer ser *temido*.

Me disseram que há países onde todo o processo de namoro é considerado um desperdício de tempo – os pais selecionam seus genros de uma organização, baseando sua seleção em atributos, tais como a habilidade do garoto de ajudar na fazenda. No momento, não tenho uma fazenda, mas certamente estaria disposto a conseguir uma a fim de implementar esse sistema lógico.

Quando você descobrir-se infestado por um namorado, não há muito o que possa fazer para se livrar dele – não legalmente, de qualquer forma. Mas leve isto a sério: até o garoto mais legal, com o tempo, será descartado como as roupas nos arbustos em uma noite de sábado – estabilidade não é o negócio das adolescentes.

Em algum ponto, você vai encontrar um garoto que, realmente, quer *casar* com sua filha, uma espécie de manifestação extrema do problema do namorado. Com sorte, no entanto, esse evento está a anos de distância. A coisa a se fazer agora é injetar na mente de sua filha que é "romântico" qualquer pretendente solicitar *sua* permissão antes de pedi-la em casamento. Dessa forma, quando a hora chegar, você terá alguma influência no assunto. E nada mais certo: você é o pai.

O Alto Custo da Educação Superior

O Pai É Convocado a Pagar Férias Caras de 4 Anos de Duração

Apesar dos artigos de revista nos avisarem, desde que nossas filhas eram bebês, que precisamos colocar de lado pelo menos 75% da renda disponível para pagar os custos futuros de uma faculdade, você de alguma forma falhou em se preparar para o descarrilhamento financeiro da educação superior. (Se chamam de renda disponível, então você dispôs dela. Onde está a surpresa?) Agora, você está começando a receber "Cálculos dos custos de faculdade", e quem quer que escreva essas coisas é capaz de humilhar o Stephen King no que se refere à capacidade de fazer com que você acorde no meio da noite gritando.

– Vamos ter de fazer alguns cortes em itens opcionais – sua esposa sugere.

– Como proteínas – você concorda. – E moradia.

– Eu posso dormir na minha barraca! – seu filho se oferece.

Você poderia ser mais entusiasmado, em relação ao investimento que estará fazendo, se visse quaisquer sinais de que a faculdade é parte de um plano de carreira a longo prazo. Talvez você fosse capaz de encarar as projeções de custo, sentindo algo além de náusea, se sua filha dissesse: "Eu vou tentar a área de gerenciamento de risco e espero ganhar o suficiente, quando tiver 30 anos, para comprar um apartamento no Havaí para o meu pai". Mas, com certeza, tudo o que ela parece dizer sobre seu futuro é que as festas de faculdade serão melhores. Nesse ponto, todo o propósito da faculdade parece ser social.

– Eu prefiro ter minhas unhas arrancadas a ir nesses encontros universitários – sua filha mais nova resmunga.

– Minhas unhas são feitas por profissionais – sua filha mais velha gaba-se. – Elas são acrílicas.

Uma razão para se esperar com ansiedade a ida de sua filha para a faculdade: você não terá mais de ouvir conversas como essas.

Operando dentro de um prazo final, você apresenta a sua filha um brilhante plano de quatro opções para pagar a faculdade[1]:

1. Exército
2. Força Aérea
3. Marinha
4. Fuzileiros Navais

– Ah, eu, *com certeza,* vou entrar para o exército – sua filha resmunga, enquanto você sedutoramente cantarola o Hino Nacional.

Sua esposa dá a opinião dela:

– De jeito nenhum. Não vou ter nenhuma filha lutando em combate.

– Eles não entram em combate – você discorda. – Você não viu os comerciais? Tudo o que eles fazem é escalar cordas e coisas do tipo.

– Ah, estou certa de que eles escalam uma *corda* – a filha mais velha ironiza.

– Você pode quebrar suas unhas acrílicas – a outra filha observa.

– Eles pagam milhares de dólares para a faculdade – você explica. – Acho que vale a pena explorar, descobrir mais sobre isso. Não podemos pelo menos nos comprometer nesse ponto?

– Absolutamente não – sua esposa assume.

Então, é responsabilidade sua: você não apenas pagará essa cara "educação sem objetivo final", mas também, como os acontecimentos revelarão, fará todo o trabalho para garantir que sua filha entre na faculdade em primeiro lugar.

Duas Abordagens para Entrar na Faculdade

A fim de que sua filha possa freqüentar a faculdade, três coisas precisam acontecer. E as três precisam de uma contínua intervenção do pai: (*a*) ela precisa ter uma boa nota nos SATs[2]; (*b*) ela precisa se candidatar a uma faculdade e (*c*) ela precisa formar-se no colegial.

---

1 N.T.: Todas as informações se referem ao sistema de ensino americano.
2 N.T.: Sigla para Scholastic Assessment Test (Teste de Aptidão Escolástica).

Aqui estão as diferenças entre a abordagem de um pai para essas metas e a abordagem de uma filha adolescente.

Atividade
Conseguir uma boa nota nos SATs

Abordagem do pai
1. Comprar vários guias de estudo.

2. Gastar seis semanas examinando os guias de estudo.

3. Transformar todos os jantares em uma espécie de game show de tevê, fazendo perguntas sobre gramática e geometria, dando pontos para as respostas corretas.

4. Escrever perguntas de exemplo em cartões de recado e deixá-los estrategicamente colocados ao redor da casa.

Abordagem da filha
1. Ignorar o guia de estudo.

2. Recusar-se a participar do jogo no jantar.

3. Ignorar os cartões de recado.

4. Ignorar o pai.

5. À noite, antes do teste, ficar até às 2 horas chorando com uma amiga porque o namorado terminou com ela.

6. Dormir demais na manhã dos SATs.

7. Recusar-se a falar com o pai sobre como foi no teste.

Atividade
Candidatar-se a uma faculdade

Abordagem do pai

1. Encomendar 120 catálogos de faculdades.

2. Dividi-los por categoria de acordo com o custo.

3. Colocar cada escola em uma pasta de papel manilha, registrando fatores de seleção importantes na capa.

4. Classificar as faculdades em ordem de interesse e revisar a cada dia, e até mesmo a cada hora.

5. Candidatar-se a todas que não exigem uma taxa de inscrição.

6. Reunir a lista de ex-alunos famosos de cada escola. Investigar o registro acadêmico de cada faculdade. Ponderar fatores como custo, tamanho da fundação, idade das instalações, custo, reputação, custo e custo.

Abordagem da filha

1. Ignorar os 120 catálogos.
2. Descobrir onde suas melhores amigas estão se candidatando e candidatar-se lá.
3. Selecionar a escola com o *campus* mais bonito e que também seja localizada perto (*a*) de uma praia, (*b*) de uma grande estação de esqui ou (*c*) da Disney World.

Atividade

Formar-se

Abordagem do pai

1. Insistir para que a filha gaste horas extras estudando os assuntos cujo desempenho acadêmico tenha sido o mais fraco – em outras palavras, os assuntos acadêmicos.

2. Exigir um relatório diário para o pai sobre o progresso em áreas problemáticas.

3. Discutir interminavelmente a questão dos pontos extras na nota.

Abordagem da filha

1. Ignorar o pai.
2. Ligar para a Carol, Amanda, Margarida e Bianca, todas as noites e falar durante horas sobre tudo, menos escola.
3. Ignorar os deveres de casa e testes e deixá-los se acumularem.
4. De alguma forma, apesar da falta de esforço, passar de ano.

Preparação para os SATs

Quando o primeiro guia de estudo chega, ele é tão grosso quanto o manual de manutenção para uma nave espacial. Você não pode esperar para abri-lo: antes que sua filha chegue em casa, terá preparado uma lista de questões para estudar com ela. Isso vai ser divertido!

– Que tal uma pergunta sobre porcentagens acumuladas? – eu a cumprimento quando ela entra em casa. Ela interrompe seu impulso incontrolável de ir ao telefone, me olhando como se eu estivesse louco. Talvez *seja* uma maneira estranha de começar uma conversa, mas você continua. – Suponha que você comprou dois itens à venda no shopping.

Agora, *isso* é algo em que ela está interessada.

– Prossiga – ela diz cautelosa.

– O primeiro item custa 25 dólares, mas está à venda com 50% de desconto – você continua. – O segundo item está com 25% de desconto. Qual deveria ser o preço, sem desconto, do segundo item a fim de economizar o 100% do preço sem desconto do primeiro item? Seus lábios movem-se conforme você relê a pergunta para si mesmo. Isso sequer faz sentido?

– Certo. O total dos descontos dos dois itens teria de ser somado para dar o preço sem desconto do primeiro.

– Bem, obviamente, essa é uma pegadinha.

– Como é?

– Se algo é tão barato assim, provavelmente, está fora de moda.

– Vamos apenas fazer de conta aqui.

– Certo – ela dá de ombros. – São 25 dólares?

Isso parece bom para você também, mas, quando você olha a resposta, sacode a cabeça em uma negativa e diz:

– Errado!

– Que seja.

– Lembre-se, você já economizou 12,50 dólares no primeiro item.

– Isso nunca aconteceria na vida real.

– É claro que aconteceria!

– Bem, então, eu apenas devolveria os itens – ela retruca. Eles não obrigam você a usar *matemática* para comprar coisas. É para isso as lojas têm caixas registradoras.

A resposta é que o segundo item precisaria ter um valor total, sem desconto, de 50 dólares, você informa a ela com autoridade. Você espera que ela aceite sua palavra para isso porque não está certo de que pode explicar.

– Que seja.

– Vamos estudar história.

– Ah, *não* vou estudar história.

– Onde foi travada a batalha de Gettysburg? – você cutuca. Vou dar uma dica: começa com um *G*.

– Sou contra todas as guerras e me recuso a responder quaisquer perguntas que tenham a ver com o assassinato de seres humanos.

– O lugar rima com Betty's Slurg – você oferece sedutoramente.

– Vou para o meu quarto.

– Ei! Que tal Gettysburg? – você propõe. – Faz sentido?

– Sai fora!

– Que tal a batalha do Bolsão de Resistência, onde ela foi travada? Aqui vai uma dica: não foi em um lugar chamado Bolsão de Resistência.

– Não há perguntas de história no SAT – ela declara.

– Há! Dê uma olhada nisto! – você responde.– Ela fica plantada com os braços dobrados enquanto você folheia o guia de estudo, seu pulso cedendo com o peso. – Está bem aqui – você declara, ainda procurando. Quando olha para cima, sua filha está com uma expressão triunfante no rosto.

– Eu lhe disse.

– Com certeza, este guia está com defeito.

– Pai, nossos professores disseram que não tem história!

Como pode ser isso? Realmente chegamos a um ponto em nossa sociedade na qual a Guerra Civil é menos importante do que aquilo que está à venda no shopping? Você sacode a cabeça, certo de que quando *você* fez os SATs, eles estavam cheios de perguntas de história.

Obviamente, os SATs eram muito mais difíceis quando você era um adolescente.

A Dissertação para Entrar na Faculdade – Tortura para Toda a Família

Embora declare que é "o desperdício mais idiota de um sábado de que já ouvi falar!", sua filha consegue fazer um bom trabalho em seus SATs, levando ao próximo passo: candidatar-se à faculdade. Quando percebe que não é uma simples questão de o pai mandar algum dinheiro e um pequeno formulário, ela fica brava com *você*.

– Por que tenho de responder a todas essas perguntas – ela reclama, ultrajada.

Ela fica ainda mais furiosa quando percebe que precisa escrever uma dissertação.

– Essas pessoas não sabem que tenho coisas melhores para fazer? – ela se queixa.

Uma dissertação pede que ela descreva suas preferências de leitura.

– Eu acho que você deveria colocar algo além da revista *In Style* – você sugere de maneira útil sobre o ombro dela. – Eles estão provavelmente procurando livros.

– Não tenho tempo para ler livros. Estou no último ano do colegial!

Isso é tão desencorajador que até me falta força para responder.

Outra faculdade solicita que ela redija algo sobre o seu estilo de escrever.

– Escrever uma dissertação sobre como você escreve uma dissertação é como pintar uma pintura para mostrar como você pinta – ela irrita-se.

– Você pode tentar uma carreira sempre servindo comida – você a lembra. – Ninguém disse que você *tem* de ir para a faculdade.

Sua esposa lhe dá um olhar de aviso, mas é claro que você está apenas sendo brilhantemente psicológico, porque sua filha finalmente cala a boca e começa a trabalhar nas suas dissertações. Isso requer que todo mundo na casa fique em absoluto silêncio.

– Vocês podem fazer silêncio. Estou trabalhando na minha dissertação! – ela grita ao menor barulho. – Vocês não fazem idéia de como isso é difícil!

Se andar na ponta dos pés, por alguns dias, fará com que ela se mude de casa, a família toda parece sentir que vale a pena fazer isso.

Surfando Rumo à Formatura

"Veteranite" é uma palavra usada para descrever a atitude que um colegial toma em relação aos estudos nos meses finais do último ano da escola. Ela vem da palavra "veterano", que quer dizer "experiente", e "ite", que quer dizer "inchado ou inflamado". Então, você está vivendo com essa colegial que acha que sabe tudo, toda inchada, e que não vê mais necessidade de abrir os livros escolares, o que o deixará totalmente inflamado.

– Isso simplesmente não é relevante – ela suspira, revirando os olhos. – Não vou usar nada dessas coisas no mundo real.

– Que coisas? Matemática? Inglês? Que tipo de trabalho você está pensando em fazer? – exijo saber.

– Não sei ainda, mas não envolverá matemática ou inglês – ela jura.

– Talvez você possa ficar parada na estrada com uma placa dizendo "Reduza" – você sugere prestativo. – Não, espere, a palavra "Reduza" exige que você saiba escrever.

– Posso fazer esse trabalho quando crescer, pai? – seu filho pergunta ansioso. – Eu sempre quis fazer isso.

Finalmente, sem qualquer evidência visível de estudo e por causa de suas terríveis previsões, sua filha se forma. Esse é um processo que envolve muita choradeira. Todo mundo começa a se abraçar como se tivesse ocorrido um terremoto e hordas de adolescentes descem como gafanhotos para esgotar seu suprimento de comida e suas reservas de sono.

A cerimônia de entrega dos diplomas começa com salva de discursos soporíferos que soam de maneira suspeita com os exatos mesmos discursos de quando *você* se formou. Conforme luta para não entrar no estado REM[3], você assiste a uma marcha entorpecedora de estranhos, todos trajados de maneira ridícula, andando como formigas ensinadas para pegar seus documentos e voltar para seus lugares. Quatro horas nesse evento e você reflete se não vale a pena fingir uma luta com o cara que está sentado na sua frente para que vocês dois possam ser expulsos do lugar.

Então, finalmente, o ponto de todo o show: sua filha faz sua aparição. Você observa pela câmera de vídeo enquanto ela sobe os degraus, pega seu diploma (até aquele momento, você pensou que era possível que o diretor fosse sacudir a cabeça e dizer: "Lamento, você deveria ter estudado mais, como seu pai disse") e sai do palco.

Minha filha também sai do seu controle. Ela é, afinal, uma formanda do colegial, e, além disso, tem 18 anos: as regras não mais devem se aplicar.

– Eu vou para a faculdade! – ela se enfurece quando você diz que, se ainda vive na sua casa, deve fazer o que você mandar. – Não acredito que você ainda ache que devo ter um toque de recolher.

Outra área de contenção vem à tona imediatamente, quando se torna óbvio que você e sua filha têm idéias diferentes de como ela deve passar os próximos três meses.

O verão depois do colegial é uma época importante na vida de uma adolescente, uma breve, porém rica, oportunidade de ela economizar dinheiro para a faculdade. Isso nunca vai acontecer. Agora, sua filha está tendo "as últimas férias de verão nas quais não tenho de trabalhar", como ela colocará.

– O que quer dizer com não vai ter de trabalhar? Quem disse que não vai ter de trabalhar? – você vai reclamar.

---

3 N.T.: REM (Rapid Eye Movements – Movimento Rápido dos Olhos) é um estado neurológico e fisiologicamente ativo de sono profundo.

— Você acha que isso é fácil? — ela vai chorar. — Essas são as minhas melhores amigas no mundo todo e eu nunca terei uma chance de vê-las de novo.

Se você observar que isso é ridículo, que ela irá para a faculdade com metade delas — ela e a Carol até juraram entrar na mesma irmandade —, todo mundo na família fingirá que você está sendo cruel.

— Preciso de um dinheiro emprestado. Vamos fazer uma festa de despedida na casa da Margarida hoje à noite — ela diz para você. Nesse contexto "emprestado" significa o mesmo que "de presente".

— Vocês não fizeram uma festa de despedida ontem à noite?

— Essa foi na casa da Amanda!

— Mas não são exatamente as mesmas pessoas? Você não entende o significado da palavra "despedida"? Ela quer dizer "Não verei vocês por um longo tempo. Então, adeus". Vocês não ficam dizendo adeus, uma para a outra, toda noite por um mês.

Sua filha começa a enxugar as lágrimas dos olhos.

— Não diga isso. Não pode ser por um longo tempo. Essas são as pessoas mais importantes de toda minha vida. Eu verei minhas amigas de novo, sei que verei!

— Também sei disso. Você as verá amanhã à noite, quando tiver outra festa de despedida — você responde.

Sua esposa está lhe dando aquele Olhar. Reconhecendo a derrota, você puxa a carteira.

— Estes são os melhores dólares da minha vida e nunca irei vê-los de novo — você anuncia de maneira fúnebre. Ninguém ri.

Parabéns! Que o Esgotamento do Dinheiro Comece!

Sua filha trata a admissão na faculdade com o mesmo interesse que descreve o seu dia de trabalho. Há dias você verifica ansiosamente as cartas, aborrecendo-se com a ausência de qualquer resposta da faculdade escolhida, até que sua filha conta, sem demora, que duas semanas atrás recebeu por e-mail a confirmação de que foi aceita.

Ela dá de ombros com seus parabéns – aparentemente, a Carol também entrou, mas as chances não são tão promissoras para o Rafael. A Carol se recusa a ir para a faculdade sem ter alguém para terminar o namoro quando chegar lá, e sua filha se recusa a ir sem a Carol.

Enquanto isso, a faculdade, completamente indiferente a tais assuntos de fundamental importância, começa a pedir dinheiro. Uma porção de dinheiro. Você pergunta sobre ajuda financeira e o envelope de resposta que chega do Departamento de Auxílio ao Estudante parece promissor, até que se torna claro que o único "auxílio" que conseguirá é um "empréstimo". Você tem tentado afastar-se desse tipo de filantropia das companhias de cartão de crédito por anos, mas percebe relutantemente que não vai realizar a ambição de toda a sua vida, que é ver a Carol, o Rafael e sua filha irem para a faculdade sem pegar algum dinheiro emprestado.

Para obter esse "auxílio", primeiro você precisa estar qualificado e a faculdade prestativamente fornece-lhe um formulário para ajudá-lo com isso.

A Escolha para um Empréstimo

Tornando possível aos pais deleitarem-se em continuar pagando a faculdade dos filhos muito tempo depois de estarem formados.

Passo 1	Liste sua renda anual.	_____
Passo 2	*Envie para nós.*	
Passo 3	Declare o valor de liquidação do total de seus bens familiares.	_____
Passo 4	*Envie para nós.*	
Passo 5	Declare o total combinado da porção NÃO USADA de quaisquer linhas de crédito.	_____
Passo 6	*Envie para nós.*	
Passo 7	Parabéns! Você está qualificado para um empréstimo para a faculdade. Por favor, assine o anexo "Contrato de Endividamento para a Vida	

Inteira" e a declaração "Eu Nunca
Serei Capaz de Me Aposentar"

Passo 8   *Envie para nós.*

É uma boa coisa você tentar conseguir um empréstimo, porque rapidamente descobre que a educação superior é uma questão de alojamento, alimentação, anuidade e uma porção de despesas de que nunca ouviu falar.

UNIVERSIDADE  CARA

Caro sr. Cameron:

   Por favor, faça um cheque de $875,00 para as seguintes taxas da futura estudante:

$ 80,00	Taxa de participação em eventos especiais
$ 80,00	Taxa de não participação em eventos especiais
$125,00	Taxa de antecipação de uso excessivo de algodão para limpar maquiagem
$200,00	Taxa da placa "Não é permitido cachorros"
$100,00	Taxa da placa "Exceto cães-guia"
$100,00	Taxa de eliminação de itens não recicláveis
$100,00	Taxa de não eliminação de itens não recicláveis
$100,00	Taxa para processar seu cheque para essas taxas

                          Sinceramente, seu
              Reitor do Departamento de Gastos de
                     Que Você Nunca Ouviu Falar

Quando Rafael é finalmente aceito, você meio que espera uma carta de parabéns da escola, mas seus computadores estão trabalhando além da conta, despejando avisos para você de questões de maior importância, tais como se você deve ou não se tornar um membro dos Velhotes Gritadores, um grupo de pais que freqüenta os eventos atléticos da faculdade e... bem, gritam. Custa apenas $ 500,00 para se tornar um Velhote, um desenvolvimento que sempre pensei que fosse mais ou menos automático em algum ponto da vida.

Enquanto isso, você está atacando problemas levantados por você mesmo. Você se descobre redigindo uma carta urgente para a escola, esperando resolver suas preocupações. Eles escrevem de volta imediatamente:

UNIVERSIDADE CARA

Caro sr. Cameron:

Em resposta a sua pergunta, não, não é verdade que "todo mundo terá um carro na faculdade", como sua filha declara. Apenas aqueles estudantes cujos pais realmente os amam terão um carro na faculdade.

Se você tiver quaisquer outras perguntas, por favor, não hesite em me contatar.

Sinceramente,
Reitor das Ansiedades de Última Hora

Ida para a Faculdade

A contagem regressiva para a viagem de carro até a faculdade começa uma semana antes da partida em si, com um turbilhão de compras. Aparentemente, a educação superior exige um novo guarda-roupa. Sentindo-se devastado pelas contas que *já* pagou, você menciona algumas preocupações que tem sobre tópicos como falência e inanição, mas você é ignorado ou ganha um olhar de repreensão por ser cruel.

Naturalmente, é sua responsabilidade colocar as coisas no carro. Enquanto faz as malas, você fica impressionado com o que foi comprado: uma sacola de barras de granola; cotonetes suficientes para manter os ouvidos dela limpos não apenas durante toda a duração da faculdade, mas também na escola de medicina; um tubo de vaselina que daria para ela nadar dentro.

A própria viagem faz com que você fique feliz de que a palavra "maníaca" tenha sido inventada, pois só assim há uma maneira de descrever a falação de sua filha. Ela e sua esposa especulam sobre o que terão de comprar.

– Cortinas – elas decidem. – Algo para pendurar nas paredes. Algumas plantas. Ah! E que tal um daqueles aspiradores de pó de mão?

– Que tal cotonetes? – você pergunta em um tom grosseiro. Você é ignorado.

– Aimeudeus, mãe, não tenho uma estante! – sua filha dá um berro.

– Faça uma lista – sua esposa recomenda.

– Certo. Cortinas. Estante. Fogão a gás. Uma dessas bolas de vidro espelhado que ficam penduradas nas pistas das danceterias. Tapete de pele de urso – ela recita, sua esposa acenando com a cabeça em aprovação.

No entanto, ela se aquieta quando o campus surge à sua frente. Embora ela o tenha visto antes, sempre foi como uma provável estudante, não como uma nova inquilina, e o pensamento de passar os próximos anos ali sem família parece diminuir um pouco seu entusiasmo.

Seu quarto é um pouco espartano. Está claro que a pessoa que projetou esse lugar pretendia que ele servisse de abrigo antibombas em algum ponto. As paredes cinza de concreto desafiam alguém a ter coragem de pendurar quadros de arte, o que faz com que você fique um pouco mais sossegado – você tinha a impressão, enquanto estava vindo para o campus, que sua esposa sairia para comprar uma obra de Monet. O quarto só é diferente de uma cela de prisão porque faltam barras na janela, e a gente não sabe ao certo o que achar disso. Você se queixa sobre a onipresença de garotos andando pelos corredores – e sabia que os dormitórios eram mistos. Mas isso significa que tem de haver garotos?

Sua esposa pega a lista e as chaves do carro e sai para procurar uma loja, murmurando algo sobre "dar uma enfeitada no lugar". A sugestão do pai de que talvez a filha devesse viver no quarto um tempo e depois ver o que mais precisa ser comprado, é completamente ignorada.

Hora do registro. A mesma garotinha teimosa que costumava levar duas horas para amarrar os sapatos, porque não queria que ninguém a ajudasse, parece relutante em sair do seu lado. Sem tocá-lo, ela parece estar agarrando você.

– O registro é ali – você aponta.

– Eu sei! – responde de forma rude. Você faz uma revisão mental do débito que assumiu para que ela chegasse até esse ponto e decide que a hostilidade dela é maldirecionada. Mas uma espiada no estresse do rosto dela o convence a conter as críticas naquele momento – você está certo de que depois haverá uma porção de oportunidades para críticas.

– Aqui estamos. Vamos entrar na fila – você sugere.

Ela dá uma volta em você.

– Não! Você fica aqui. Eu mesma vou fazer isso.

– Mas...

– Fique... aqui – ela assobia entre dentes cerrados. Então, tomando fôlego, entra na fila para esperar sua vez.

Você dá uma olhada, procurando alguém para reclamar, e vê um grupo de pais parados por ali como se tivessem sido descartados. Você anda até eles e acena.

– Ela diz que quer fazer isso sozinha – você explica. Todos sorriem de uma maneira triste.

– Ganhei uma hérnia de disco carregando o sofá de minha filha para o quarto dela – um homem reclama.

– Meu filho levou minha televisão – declara outro.

– Conheci o colega de quarto da minha filha e não sei dizer qual é o sexo dele.

– Por que eles chamam de empréstimo de *estudante* se é o *pai* que assina por eles?

– Quatro anos de liga competitiva de futebol e então ela não quer nem tentar uma bolsa. Ela diz que está *entediada* com o futebol.

– A bicicleta do meu filho custa mais do que meu carro.

– Minha esposa foi às compras para enfeitar o quarto – você diz a eles.

Todos acenam com a cabeça concordando.

– A minha também. Compras! – diz aquele com uma hérnia.

– Compras! – todos concordam.

Sua filha aparece atrás de seu cotovelo.

– Pai! Preciso de um cheque caução de 200 dólares para a biblioteca! – Ela parece brava com você por ter que lhe pedir dinheiro. Você preenche o cheque e ela o arranca de sua mão.

Mais ou menos na terceira vez que ela o aborda para pedir um cheque, sua paciência acabou.

– Eu vou com você – digo com firmeza.

Ela empalidece.

– Mas, pai...

– Eu fico do seu lado neste dia de cheques sem fundos ou eu não vou mais ajudar. Chega de dinheiro para taxas de armazenamento do barco, banho do cachorro, alinhamento do espelho ou o que quer que esses vampiros queiram. Você está por sua conta ou eu estou com você. A escolha é sua.

Ela morde o lábio, mas permite que você entre na fila com ela. Sua postura é dura, comunicando claramente para o resto do mundo que não lhe conhece e o considera invisível. Você estende a mão e, para o choque dela, desliza o braço sobre seus ombros, que ficam tensos de maneira palpável sob seu toque.

– Por sua conta ou comigo – você repete.

O grupo de pais acena aprovando.

Quando chega o final da tarde, seu talão de cheques está esgotado. Você calcula que uma das primeiras tarefas depois de voltar para casa será ligar para o banco e negociar sua rendição.

A Despedida

Quando levei minha filha para a faculdade, eu estava tão concentrado na tarefa logística de mudar seus pertences que não pensei de fato sobre o que eu *realmente* estava fazendo: mudando-a para fora da minha vida e para o começo da dela. Depois de passar a última meia década vagueando em casa à noite, perguntando-nos onde ela estaria e o que estaria fazendo e com quem estaria fazendo, nós estávamos agora entrando em uma nova fase, na qual eu nunca saberia essas coisas. Sem toque de recolher, nenhuma maneira de entrevistar e reprovar seus namorados, nenhuma oportunidade de oferecer uma crítica construtiva quando necessário, o que era, na minha opinião, constante.

Olhando para minha filha, vi aquela garotinha no corpo de uma mulher, alta e forte, mas inacabada, não preparada. Ou talvez fosse eu que não estive preparado – eu, com certeza, me sentia inseguro enquanto ela nos acompanhava até o estacionamento para a última despedida. Como isso podia ser natural, levar minha filha a um lugar estranho, preencher 50 cheques e então ir embora, deixando-a nas mãos de estranhos com os quais eu compartilhava nada mais além do que o conteúdo de minha conta bancária? A vida toda eu a protegi de perigos, um trabalho que de nenhuma forma eu considerava cumprido.

Na pressa, tentei dar a ela alguns conselhos.

– Ande até todas as suas salas de aula antes do primeiro dia. Cronometre para saber quanto tempo leva. Levante e tome café todas as manhãs, não importa o que aconteça – eu disse a ela. – Essas são as coisas que eu mesmo nunca fiz.

Ela acenou com a cabeça agradecendo, eu acho, não as palavras, as quais ela ignoraria mesmo, mas o ato em si, um ritual familiar para ela poder se agarrar em uma experiência que, de algum modo, seria estranha.

E então chegamos no carro. Minha esposa a abraçou e chorou como se nossa filha estivesse partindo de barco para o Novo Mundo.

– Escreva – minha esposa recomendou.

– Vou escrever – minha filha concordou.

– Ligue.

– Vou ligar.

– Estude – eu sugeri. Ninguém respondeu.

Quando chegou a minha vez, eu a puxei para mim e me concentrei para não chorar. As palavras que eu queria dizer não conseguiam abrir caminho por causa da constrição apertada em minha garganta, e, quando senti a pressão de seus lábios contra minha bochecha, tive de olhar para longe.

Consegui falar algo, eu acho, antes de entrar entorpecido na minivan. O pequeno aceno de despedida de minha filha foi mais difícil do que o último abraço – uma hesitante, mas de alguma forma reconfortante, oscilação de seus dedos. Eu me vejo lembrando dela acenando para mim da janela da frente sempre que eu saía para o trabalho de manhã, quando ela era não apenas a primeira, mas também minha única filha.

Ela ficou parada ali no estacionamento e nos observou enquanto lentamente íamos embora. Mantive meus olhos no espelho retrovisor e a vi diminuir no cenário do campus da faculdade até que ela parecesse desamparadamente insignificante, e foi isso que impediu que eu voltasse para ter certeza de que ela ainda estava lá. Ajeitei-me no banco, sorrindo para que minha esposa não pensasse que eu estava chorando, e tentando não pensar na estranha quietude no carro causada pela ausência de minha filha.

Minha esposa e eu não falamos muito no caminho de casa. Embora o ninho dificilmente pudesse ser chamado de vazio quando chegássemos lá, agora estávamos entrando em uma nova fase da vida, o começo de um processo de deixar nossos filhos partirem. Nenhum de nós estava certo de como isso afetaria nossas vidas, mas, em primeiro lugar, não saberíamos o que teria acontecido se não tivéssemos tido filhos.

– Já sinto falta dela – minha filha mais nova murmurou depois de um tempo.

Eu também. E sabia que nossa filha realmente não escreveria nem ligaria todos os dias. Ela sempre foi independente, sempre deixou claro que queria estar no controle da própria vida. Imaginei que, se não ligássemos, seria um longo tempo antes de ouvirmos falar dela.

Então, o celular tocou. Minha esposa atendeu, já que temos uma norma contra eu bater o carro enquanto dirijo.

– Oh, querida – minha esposa disse depois de um instante. – Eu entendo. Sei que pode ser difícil.

Eu mandei-lhe um olhar inquisidor e ela fez uma cara triste.

– Estou certo de que vai ficar tudo bem, querida – ela respondeu depois de um longo silêncio. – Honestamente, vai ficar tudo certo.

Elas falaram por mais alguns minutos e depois minha esposa desligou, com uma expressão pensativa no rosto.

– A nossa garota na faculdade já está sentindo falta de casa? – perguntei simpaticamente.

Ela balançou a cabeça.

– Não. Ela apenas disse que é única pessoa no dormitório sem cartão de crédito.

– Ah! – respondi. Eu digeri isso por alguns quilômetros. – E suponho que ela acha que isso é, de alguma maneira, algo que eu deva consertar?

– É claro! – minha esposa respondeu sem pestanejar. – Você é o pai.

Agradecimentos

Obrigado a todos os meus assinantes da Internet, cuja devoção e disposição em divulgar a Coluna Cameron ajudaram a torná-la popular e me convenceram de que no final talvez eu devesse mesmo continuar escrevendo humor.

Obrigado ao meu amigo para toda a vida Paul Dalen, por ter-se oferecido para criar e manter o primeiro website Cameron.

Obrigado ao realmente meticuloso revisor de minha coluna, Bob Bridges, por me ajudar a colocar os pingos nos is e os traços nos tês.

Não fosse pela minha agente Jody Rein, ninguém no mundo das publicações teria alguma vez ouvido falar de W. Bruce Cameron. Você é realmente a melhor, Jody.

A maioria das tarefas administrativas de manter minha *newsletter* na Internet são desempenhadas pelo meu pelo meu pessoal voluntário, que por acaso é a minha mãe. Obrigado por toda a sua ajuda, mãe.

Agradecimentos especiais para John Temple e Mary Winter do *Rocky Mountain News,* de Denver, que assumiram um risco e fizeram de mim seu colunista de humor.

Poucos escritores têm a oportunidade de trabalhar com uma editora como Margot Herrera, que foi gentil e sábia por todo o processo de reescrever, reescrever e reescrever. Eu sou grato de ter tido a oportunidade trabalhar com ela.

E, é claro, eu sou profundamente grato a minhas duas filhas adolescentes por me deixarem louco o suficiente para escrever um livro sobre isso.

Impressão e acabamento:
GRÁFICA PAYM
Tel. (011) 4392-3344

CADASTRO DO LEITOR

- Vamos informar-lhe sobre nossos lançamentos e atividades
- Favor preencher todos os campos

Nome Completo (não abreviar):

Endereço para Correspondência:

Bairro: Cidade: UF: Cep:

Telefone: Celular: E-mail: Sexo: F M

Escolaridade:
☐ 1º Grau ☐ 2º Grau ☐ 3º Grau ☐ Pós-Graduação
☐ MBA ☐ Mestrado ☐ Doutorado ☐ Outros (especificar):

Obra: **8 Regras Simples para Marcar um Encontro com sua Filha Adolescente**
W. Bruce Cameron

Classificação: **Parenting**

Outras áreas de interesse:

Quantos livros compra por mês?: por ano?

Profissão:

Cargo:

Como teve conhecimento do livro?
☐ Jornal / Revista. Qual?
☐ Indicação. Quem?
☐ Internet (especificar *site*):
☐ Mala-Direta:
☐ Visitando livraria. Qual?
☐ Outros (especificar):

Enviar para os faxes: **(11) 3079-8067/(11) 3079-3147**

ou e-mail: **vendas.mbooks@terra.com.br**

𝓜.BOOKS

M. Books do Brasil Editora Ltda.

01452-001 - Av. Brigadeiro Faria Lima, 1993 - 5º andar - Cj. 51
São Paulo - SP Telefones: (11) 3168-8242/(11) 3168-9420
Fax: (11) 3079-3147 - e-mail: vendas.mbooks@terra.com.br

DOBRE AQUI E COLE

CARTA – RESPOSTA
NÃO É NECESSÁRIO SELAR

O selo será pago por
M. BOOKS DO BRASIL EDITORA LTDA

AC Itaim Bibi
04533-970 - São Paulo - SP